KLIMA-freundlich GÄRTNERN

SALLY NEX

KLIMA-freundlich GÄRTNERN

Aktiv werden und den ökologischen Fußabdruck verbessern

DK

INHALT

EINFÜHRUNG

Stellen Sie sich einen Lebensraum von enormer Biodiversität vor, der mehr Pflanzenarten pro Quadratmeter enthält als der Regenwald – und noch dazu etliche Tiere. Utopie? Keineswegs. Das Naturparadies könnte sich sogar direkt hinter Ihrem Haus befinden.

Jeder Garten ist ein Mikrokosmos aus Lebensräumen in konzentrierter Form. Dennoch wird der potenzielle Nutzen von Gärten für die Umwelt nur selten gewürdigt – romantische Wälder und wogende Wildblumenwiesen sind einfach fotogener.

Kaum beachtet wird in der Wissenschaft auch die Rolle, die Gärten bei der Regulierung unseres Klimas spielen – und der Beitrag, den Gartenbesitzer dafür leisten können. Denn jeder Garten ist ein winziger Kohlenstoffspeicher: Die Pflanzen darin bemühen sich redlich, CO_2 aus der Atmosphäre zu holen und über Jahre wegzusperren.

Noch nie hat jemand errechnet, wie viel CO_2 Gärten jedes Jahr absorbieren. Aber es wurde geschätzt, wie viel Kohlenstoff sie dadurch gespeichert haben: Bis zu 145 Tonnen pro Hektar sollen es in den obersten 100 cm Gartenboden sein. Das heißt, dass die knapp sieben Millionen Hektar deutsche Gartenfläche schon annähernd eine Milliarde Tonnen Kohlenstoff binden. Und mit unserer Hilfe können es noch viel mehr werden.

Wir Gartenbesitzer haben die Gelegenheit, den Klimawandel direkt zu bekämpfen. Immer wenn wir einen Baum pflanzen, Böden mulchen oder das Gras hoch wachsen lassen, können wir die Menge an Kohlenstoff, die unser Garten speichert, aktiv erhöhen.

Leider blasen wir es nur zu oft gleich wieder in die Atmosphäre zurück – mit Benzinmähern, torfhaltiger Erde oder Kunstdüngern. Wer emissionsarm gärtnern will, muss daher eine Doppelstrategie fahren und einerseits durch nachhaltiges Gärtnern eine neutrale CO_2-Bilanz erreichen, andererseits aber auch dafür sorgen, dass der Garten möglichst viel Kohlenstoff sammelt und bindet, um dem Klimawandel aktiv entgegenzuwirken.

ÜBER DIESES BUCH

Schon für viele Wissenschaftler ist das Thema Treibhausgase von kaum überschaubarer Komplexität, geschweige denn für den einfachen Gartenbesitzer. In diesem Buch liegt der Schwerpunkt auf CO_2-Emissionen, doch mischen

»Eine Milliarde kleiner Taten hat uns an den Rand einer Umweltkatastrophe gebracht. Und eine Milliarde kleiner Taten kann uns wieder vom Abgrund wegziehen.«

auch andere Treibhausgase wie Distickstoffmonoxid oder Methan mit. Ich handhabe das Ganze gelegentlich salopp und verwende »Kohlendioxid« als Sammelbegriff für mehrere Formen klimaverändernder Gase.

IN DEN KNAPP 7 MILLIONEN HEKTAR DEUTSCHER GARTENFLÄCHE SIND **ETWA EINE MILLIARDE TONNEN KOHLENSTOFF GEBUNDEN.**

Die frustrierend geringe Zahl von Forschungsvorhaben zum Thema Kohlenstoffbindung und -emissionen in Hausgärten hat mich außerdem veranlasst, zahlreiche Statistiken aus ähnlichen, aber besser finanzierten Bereichen wie der Land- und Forstwirtschaft zu extrapolieren. Die genannten Zahlen sind daher eher grobe Äquivalente als präzise Darstellungen.

Nicht jeder kann oder will den auf manchen Seiten skizzierten »tiefgrünen«, also radikalökologischen Weg gehen. Nachhaltiges Gärtnern ist eine Reise, weshalb es überhaupt nichts ausmacht, klein anzufangen und sich später für tiefgreifendere Veränderungen zu entscheiden. Wichtig ist, dass jeder etwas tut. Eine Milliarde kleiner Taten hat uns an den Rand einer Umweltkatastrophe gebracht. Und eine Milliarde kleiner Taten kann uns wieder vom Abgrund wegziehen.

WIE PFLANZEN CO_2 ABSORBIEREN

Mag Ihr Garten noch so winzig und bescheiden sein: Er spielt eine kleine, aber wichtige Rolle in dem großen, komplex verwobenen System unseres Planeten und seines Klimas, das Leben möglich macht.

Pflanzen regieren die Welt. Sie sind die mit Abstand häufigste Lebensform auf unserem Planeten, denn sie stellen rund 80 Prozent der Biomasse (Bakterien folgen mit 15 Prozent Anteil weit abgeschlagen auf Platz zwei).

Für uns, die wir immer mehr Treibhausgase in die Atmosphäre pumpen, sind das gute Nachrichten. Denn Pflanzen können sie der Atmosphäre wieder entziehen. Autos, Flugzeuge und Fabriken erzeugen durch Verbrennung fossiler Brennstoffe zur Energiegewinnung Kohlendioxid, das in die Atmosphäre gelangt. Pflanzen dagegen absorbieren bzw. binden durch einen Prozess namens Fotosynthese CO_2 aus der Atmosphäre und wandeln es in Zucker um. Sie speichern es in holzigen Trieben, Wurzeln und später verrotteten Pflanzenresten im Boden, sodass es der Atmosphäre auf viele Jahre entzogen wird.

Dort wo wir sämtliche Rückzugsgebiete der Natur zu Tode aufgeräumt haben, spielen pflanzengefüllte Gärten eine immer wichtigere Rolle im Kampf gegen den Klimawandel.

DER KOHLENSTOFFKREISLAUF

Pflanzen entziehen der Luft Kohlendioxid und binden den Kohlenstoff in ihrem Gewebe, mit dem er später in den Boden gelangt.

***Bei der Fotosynthese** verwandeln Pflanzen mithilfe von Sonnenenergie Kohlendioxid aus der Luft und Wasser aus dem Boden zu Kohlenhydraten, die sie für ihr Wachstum brauchen. Sie geben dabei Sauerstoff und eine winzige Menge Kohlendioxid frei.*

***Das Weltklima** bleibt im Gleichgewicht, solange die Bilanz des Kreislaufs stimmt, solange also so viel Kohlendioxid absorbiert wie freigegeben wird. Gelangt mehr CO_2 in die Atmosphäre, als absorbiert wird, gerät das Klima aus dem Gleichgewicht und die Erde erwärmt sich.*

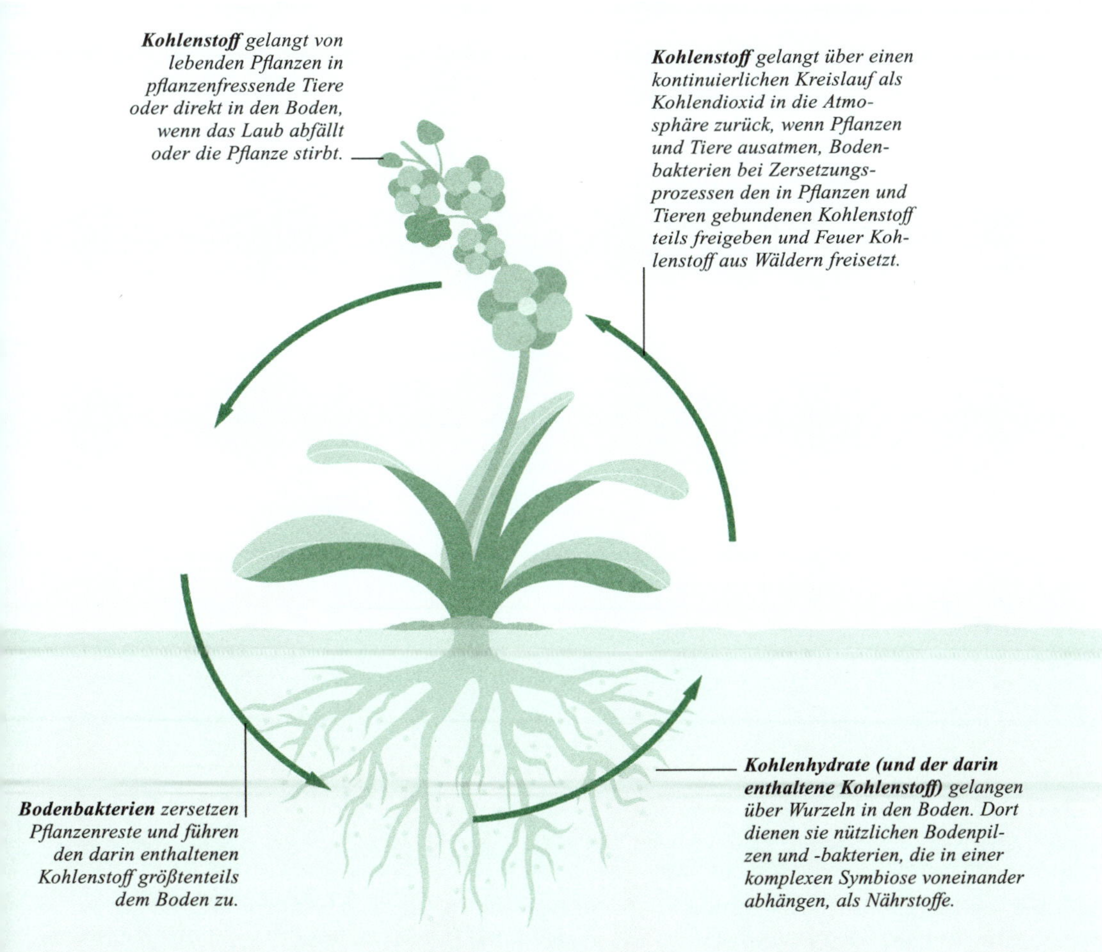

DIE CO_2-BILANZ DES GARTENS VERBESSERN

Gärten mit guter CO_2-Bilanz absorbieren Kohlendioxid, erhöhen die Biodiversität und wirken so dem Klimawandel entgegen. Mit minimaler Planung lässt sich maximale Wirkung erreichen.

DER KLIMAFREUNDLICHE GARTEN

In einem klimafreundlichen Garten ist viel los: Etliche Tiere geben sich die Ehre, Wasserelemente glitzern und Pflanzen stehen dicht an dicht. Wird das Grün gekonnt gestaltet, bindet es Kohlenstoff und leistet einen aktiven Beitrag zum Klimaschutz.

1 Hecken *binden Kohlenstoff. Zudem bieten sie Tieren Nistplätze, Nahrung und Schutz.*
2 Naturzäune *aus Gehölzschnitt dienen dazu, holzige Gartenabfälle zu bewahren und zu verwerten. Sie verrotten langsam und dienen so auch als Zuflucht für Tiere.*
3 Niederwäldchen *aus Haselsträuchern sind eine erneuerbare, klimafreundliche Quelle von Bohnenstangen und anderen Stützen – sowie ein Lebensraum für Tiere.*
4 Gemüsegärten *binden mehr Kohlenstoff, wenn sie dauerhaft mit Obstbäumen, Beerenbüschen, mehrjährigem Gemüse und Einjährigen als Lückenfüllern bepflanzt sind.*
5 Komposthaufen *nehmen pflanzliche Abfälle aus Küche und Garten auf.*
6 Bäume *saugen Kohlendioxid förmlich auf. Sie binden den Kohlenstoff in ihrem Holz und im Boden.*
7 Wildblumenwiesen *mit heimischen Blütenpflanzen locken Schmetterlinge, Bienen und andere Insekten an, die sich von gemähten Wegen aus beobachten lassen.*
8 Grasfreier Rasen *enthält viele Blumen und mattenbildende Pflanzen.*
9 Sickermulden und Teiche *nehmen überschüssige Niederschläge auf. Dieser dicht bepflanzte Feuchtgarten speist einen Teich mit größerer Wassertiefe.*
10 Blütenrabatten *säumen den Hauptweg durch die Gartenmitte mit Bändern aus Bäumen, Sträuchern und Stauden.*
11 Regenwassertanks *minimieren den Verbrauch von Leitungswasser im Sommer.*
12 Einfahrten *mit gebrauchten Steinplatten als Belag und trittfester Römischer Kamille dazwischen duften, absorbieren Regenwasser und sehen auch noch gut aus.*

ANPASSUNGSFÄHIG

Ist Platz Mangelware, können Sie jedes Gestaltungselement hier auf die für Ihren Garten passende Größe reduzieren.

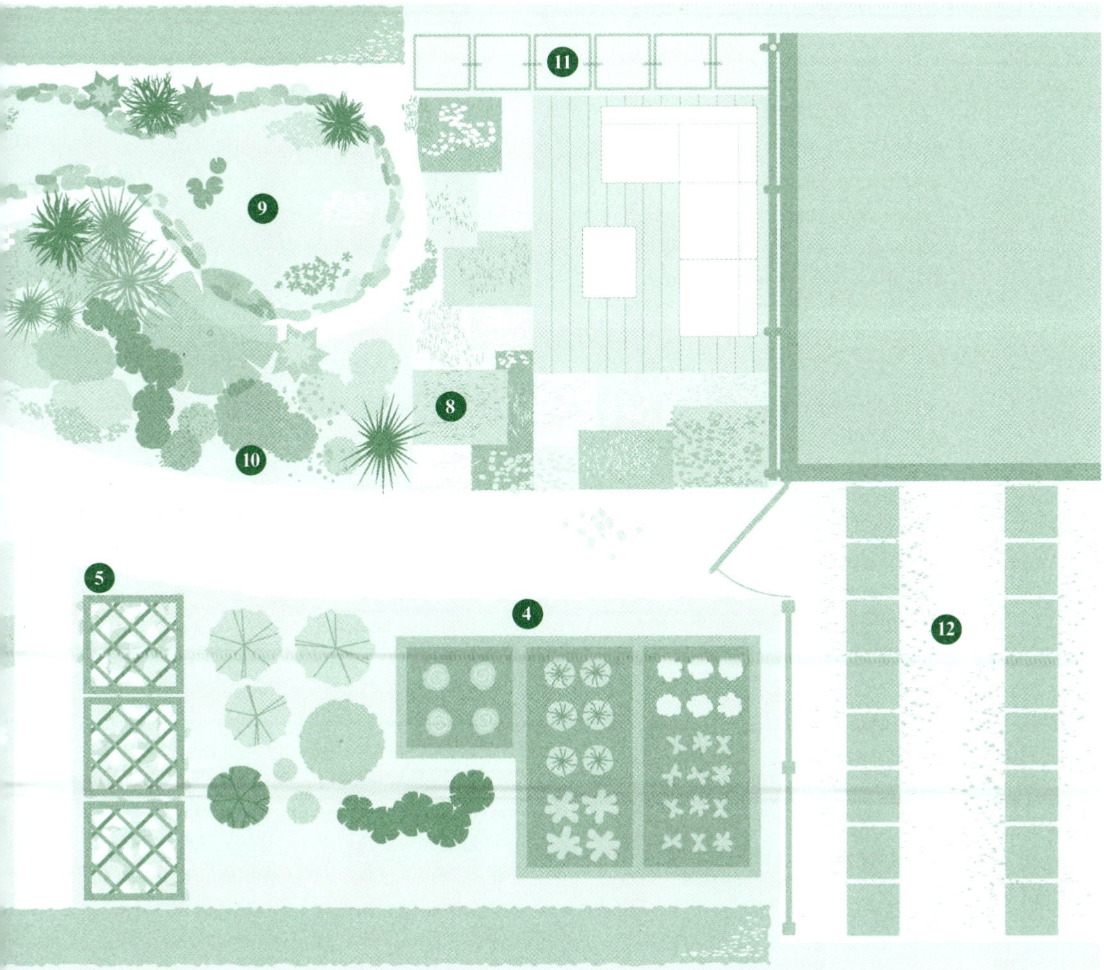
11
9
8
10
5
4
12

VERWENDUNG NACHHALTIGER MATERIALIEN

Die im Garten verwendeten Materialien sind nicht immer gut für die Umwelt. Bauliche Elemente haben zum Teil eine sehr negative CO_2-Bilanz, vor allem wenn sie neu sind und das Material über weite Entfernungen – mitunter sogar vom anderen Ende der Welt – herangeschafft wurde.

Das macht die durch die Bepflanzung erreichte positive Bilanz größtenteils wieder zunichte. Gerade die gängigsten Materialien sind auch die mit dem höchsten Kohlenstoffverbrauch. Bei der Herstellung von 1 kg Zement, einem Bestandteil von Beton, wird fast 1 kg CO_2 freigesetzt, wenngleich ein Teil davon bei der Korrosion von Beton wieder reabsorbiert wird. Ziegelsteine steuern 250 g pro 1 kg und jeder Quadratmeter Steinpflaster je nach Art des Belags rund 47,5 kg Kohlendioxid bei.

Die einzige Ausnahme ist Holz, sofern es aus nachhaltig bewirtschafteten Wäldern stammt. Eine gute Orientierung bieten die Siegel des FSC™ und des PEFC. Neues Bauholz kann CO_2-neutral sein. Wer es verwendet, leistet einen aktiven Beitrag zum Klimaschutz.

BETON IST NACH **WASSER** DAS **MEISTVERWENDETE MATERIAL** DER WELT. JEDES JAHR WERDEN **PRO PERSON** AUF DIESEM PLANETEN **3 TONNEN** VERBRAUCHT.

DEN CO_2-AUSSTOSS SENKEN

Auch in einem nachhaltig angelegten Garten muss man nicht auf Terrassen und Wege verzichten, doch sollte man sie auf ein Minimum begrenzen und aus recycelten Materialien wie Keramikkies oder gebrauchten Steinbelägen anlegen. Nachhaltig sind auch Pergolen aus unbehandeltem, regionalem Holz, Secondhand-Gartenmöbel und selbst gefertigte Gebrauchsgegenstände aus Holz.

Kaufen Sie neue Materialien nur, wenn es nicht anders geht, und arbeiten Sie ansonsten mit dem, was bereits im Garten vorhanden ist. Regional kaufen reduziert die CO_2-Belastung, die beim Transport schwerer Materialien unvermeidlich ist. Gebrauchtes hat eine wesentlich bessere Klima-

»Neues Bauholz kann CO_2-neutral sein. Wer es verwendet, leistet einen aktiven Beitrag zum Klimaschutz.«

bilanz als Neues und außerdem viel mehr Charakter, denn es gibt einem Garten ein zeitlos klassisches Flair, das sich mit fabrikneuem Material nicht erreichen lässt.

NATURBELASSEN

Bearbeitetes Nadelholz mag billiger sein, ist aber meistens mit giftigen Chemikalien behandelt oder thermisch modifiziert (mit allen Kohlenstoffemissionen, die damit zusammenhängen). Verwenden Sie besser von Natur aus haltbares Holz, etwa Lärche oder Edelkastanie, oder streichen Sie das Holz mit umweltfreundlichen Mitteln selbst.

DURCHLÄSSIGE BELÄGE

Auch die Verwendung von Belägen wirkt sich auf das Klima aus. Große Steinflächen strahlen Hitze ab, vor allem nachts. Das senkt die Luftqualität und lässt in Städten »Wärmeinseln« entstehen. Außerdem erhöhen versiegelte Flächen das Überschwemmungsrisiko, da das Wasser nicht vom Boden absorbiert werden kann. Befestigen Sie daher so wenig Flächen wie möglich, verwenden Sie durchlässige Materialien wie Kies und pflanzen Sie Gewächse, die Wasser aufnehmen.

NACHHALTIGE ALTERNATIVEN ZU BETON

Die Baustoffindustrie sucht derzeit nach umweltfreundlichen Alternativen zu Zementbeton und testet Abfallstoffe sowie biologisch abbaubare Fasern.

- **Ferrock** besteht zu 90 Prozent aus Abfällen, in erster Linie Stahlstaub, der mit Kohlendioxid zu Eisencarbonat reagiert und damit sogar Kohlenstoff aus der Luft bindet.
- **Holzbeton** ist Beton, bei dem bis zu 10 Prozent Zement durch Sägespäne ersetzt werden. Er ist wesentlich leichter als herkömmlicher Beton und in Form von Blöcken, Ziegeln und Pflastersteinen erhältlich.
- **Stampflehm** ist zwischen Schalungsbrettern verdichteter Lehm. Man kann ihn für Stufen und Mauern verwenden.

DER GARTEN ALS KOHLENSTOFFSPEICHER

Ein als Kohlenstoffsammler angelegter Garten ist ein Paradies für Pflanzenliebhaber. Denn je mehr Pflanzen in ihm wachsen, desto mehr CO_2 bindet er. Packen Sie daher so viele wie möglich hinein.

Pflanzen nehmen während der Fotosynthese Kohlendioxid auf, so wie wir Sauerstoff einatmen, und wandeln es in Glukose um, die sie zum Wachsen brauchen. Wenn Sie also Pflanzen zum Mittelpunkt Ihres Gartens machen und bauliche Elemente auf ein Minimum beschränken, saugt er CO_2 wie ein Schwamm aus der Luft auf.

LANGSAM WACHSENDE **LAUBBÄUME** UND SCHNELL WACHSENDE **KONIFEREN** BINDEN ETWA DIE GLEICHE **MENGE CO_2.**

PFLANZENSCHICHTEN

Denken Sie in Waldschichten. Hohe Gehölze bilden die Baumschicht, darunter befindet sich die Strauchschicht, dann kommt die Kraut- und schließlich die Bodenschicht. Sie sind eng miteinander verwoben. So entsteht ein nahtloses Pflanzengeflecht.

LANGFRISTIG PFLANZEN

Je mehr man pflanzt und Gewächse austauscht, desto öfter muss man den Boden bearbeiten. Das stört seine empfindlichen Ökosysteme und setzt im Boden gebundenen Kohlenstoff frei. Legen Sie daher den Schwerpunkt auf langlebige, pflegeleichte Pflanzen.

LIEBE DEINE STRÄUCHER!

Pflanzen mit holzigem Gerüst binden am meisten Kohlenstoff, doch muss man sich nicht auf Bäume beschränken: Auch Sträucher sind Kohlenstoffspeicher und leisten gute Dienste in Gärten, die für Bäume zu klein sind.

PFLANZEN SIE PASSEND

Pflanzen gedeihen, wenn sie günstige Bedingungen vorfinden, und brauchen dann auch weniger klimaschädlichen Dünger. Setzen Sie Sonnenanbeter an die trockenste Stelle und legen Sie Teiche dort an, wo sich im Winter die meisten Niederschläge sammeln. Außerdem sollten Sie Arten wählen, die nicht zu groß für den ihnen zugedachten Platz werden, um sie nicht ständig zurückschneiden zu müssen.

DENKEN SIE REGIONAL

Heimische wie nicht heimische Arten binden Kohlenstoff gleich gut. Anspruchsvolle nicht heimische Arten, die langsam wachsen und viel Dünger, Wasser und Wärme benötigen, verursachen mitunter aber mehr CO_2, als sie absorbieren – vor allem, wenn sie importiert sind.

»Wenn Sie Pflanzen zum Mittelpunkt Ihres Gartens machen, saugt er CO_2 wie ein Schwamm aus der Luft auf.«

GARTEN-GEBÄUDE

Selbst bei der Errichtung von Gartengebäuden kann man die Klimakosten gering halten. Oberste Priorität hat dabei die sorgfältige Auswahl der Materialien.

KLIMAFREUNDLICHE GARTENGEBÄUDE

Jedes Gebäude, das Sie in Ihrem Garten errichten, hinterlässt zwangsläufig einen CO_2-Fußabdruck. Wer jedoch bei der Wahl des Materials und der Bauweise flexibel ist, kann die Umweltbelastung auf ein Minimum reduzieren.

Umweltfreundliche Gebäude werden aus natürlichen, oft pflanzlichen Materialien errichtet. Sie enthalten viele »verbaute Emissionen« – also Kohlenstoff, der im Material gebunden ist und nicht in die Atmosphäre abgegeben wird. Auch ihre Herstellung hat eine gute CO_2-Bilanz, da energieintensive Prozesse wie das Brennen von Mauerziegeln bei hohen Temperaturen wegfallen. Und wenn das Gebäude eines Tages ausgedient hat, kehren die Baumaterialien einfach zur Erde zurück, aus der sie entstanden sind.

»GRÜNE« EICHE

Aus frisch geschlagenem Eichenholz lässt sich ein schöner Gartenpavillon zimmern. Die Verarbeitung von kaum getrockneter Eiche hat in Großbritannien eine jahrhundertelange Tradition. Das noch weiche Holz lässt sich gut sägen und wird mit Holzdübeln sowie Verzapfungen verbunden.

Während des Trocknens arbeitet es und reißt an manchen Stellen, was aber gewollt ist und den rustikalen Charakter unterstreicht. Ein erfahrener Zimmermann nutzt das sogar, um die Verbindungen zu festigen.

Pavillon aus »grüner« Eiche

Holz gehört, sofern regional gewonnen, zu den wenigen klimapositiven Werkstoffen. Der Baum, von dem es stammt, bindet im Lauf seines Lebens mehr Kohlenstoff aus der Atmosphäre, als durch den Bau frei wird. Doch Eichenholz hat noch einen weiteren Vorteil: Es muss für den Außengebrauch nicht behandelt werden.

LEHMWELLER

Lehmweller gehört zu den ältesten Baumaterialien für Häuser. Er wird aus Lehm, Stroh, Sand und Wasser gemischt und zu sehr festen, manchmal über 1 m dicken Mauern verarbeitet. In Deutschland, vor allem im Osten, stehen noch viele jahrhundertealte Lehmwellerhäuser.

In der englischen Grafschaft Devon, einem Zentrum des Lehmwellerbaus, heißt es, für Lehmweller brauche man »eine gute Kopfbedeckung und ordentliches Schuhwerk«, denn das

Wichtigste ist, ihn trocken zu halten. Dafür bekommt man ein von Natur aus gut isoliertes, im Winter warmes und im Sommer kühles Gebäude. Die

Gartenhäuschen aus Lehmweller

Wände nehmen tagsüber Wärme auf und geben sie nachts ab, sodass ein warmes Mikroklima entsteht.

HANFBETON

Hanfbeton ist ein Naturbaustoff aus Hanffasern in Verbindung mit Kalk. Es gibt ihn in Blockform, doch kann man ihn auch frei formen. Allerdings ist Hanfbeton nicht lasttragend, sodass man ein Holzgerüst braucht, das ihm Stabilität und Form verleiht.

Schuppen aus Hanfbeton

STROHBALLEN

Wer ein Studio oder Büro in seinem Garten bauen möchte, kann es aus Strohballen errichten. Stroh ist ein dauerhaftes, sehr kostengünstiges Baumaterial, für dessen Verarbeitung man nicht einmal professionelle Hilfe braucht. In Deutschland ist das Bauen mit Stroh ein relativ neuer Trend, in den USA hingegen gibt es Strohhäuser, die bereits über 100 Jahre alt sind.

Stroh ist Abfallmaterial aus dem Roggen- oder Weizenanbau und enthält wie alle pflanzlichen Materialien Kohlenstoff. Die Ballen werden wie Ziegel gestapelt und mit Haselstiften fixiert; Tür- und Fensterrahmen werden aus Holz gezimmert. Außerdem können Strohballen als Füllstoff für Holzrahmen verwendet werden – das Ganze wird dann mit Kalk oder Lehm verputzt. Bauwerke aus Strohballen sind bemerkenswert feuerfest, wie Untersuchungen bewiesen haben.

DER LETZTE SCHLIFF

Sobald der Hauptbaustoff feststeht, kann man einige der folgenden Materialien für Dächer, Verputz und Anstriche verwenden.

- **Dach:** Stroh, Rasen und andere Begrünung, Holzschindeln.
- **Verputz:** Kalk, Lehm/Ton.
- **Anstriche:** Farben und Beize auf Wasserbasis, Kalk.

EIN SCHUPPEN AUS GEBRAUCHTEN MATERIALIEN

Die Klimabilanz von Gartengebäuden verbessert sich zusätzlich, wenn man sie aus gebrauchten Materialien errichtet. Wer Altholz wiederverwertet, sorgt dafür, dass der darin gebundene Kohlenstoff viele weitere Jahre lang sicher verwahrt bleibt.

Holzreste lassen sich leicht recyceln, doch wenn man etwa eine alte Holztür oder Palette zum Wertstoffhof bringt, beginnt für sie eine sehr emissionsreiche Reise.

Denn als Erstes landet sie in einem Verarbeitungsbetrieb, wo sie in einen Schredder kommt. Aus den Spänen macht man Spanplatten, Einstreu oder Hackschnitzel für Biomassekessel – alles downgecycelte, minderwertigere Stoffe kurz vor der endgültigen Entsorgung, bei der der Kohlenstoff aus dem ursprünglichen Baum wieder in die Umwelt gelangt.

KLIMAFREUNDLICHE SCHUPPEN

Dabei lässt sich der meiste Holzabfall fast ohne Bearbeitung wiederverwerten. Gebrauchtes Bauholz hat eine wesentlich bessere CO_2-Bilanz als neues Holz, da der Energieaufwand für das Fällen und Sägen wegfällt. Hinzu kommt, dass man für einen Bruchteil der Kosten, die ein Neubau verschlingt, einen herrlich originellen, charaktervollen Schuppen bekommt.

WO FINDE ICH ALTHOLZ?

- **Auf Bau- und Wertstoffhöfen:** Aus Sicherheitsgründen müssen Gerüstbauer Bretter mit Abnutzungserscheinungen entsorgen. Sie eignen sich gut als Schuppenboden.
- **In Bauschuttcontainern:** Werden Holzböden oder Türen ausgetauscht, fragen Sie, ob Sie sich aus dem Container bedienen dürfen.
- **Paletten:** Unternehmen verschenken oft gebrauchte Paletten. Auch online findet man Angebote. Halten Sie Ausschau nach regional hergestellten Paletten ohne Markierung, da sie meist unbehandelt sind. Das IPPC-Logo weist darauf hin, dass das Holz behandelt wurde, um Insekten und Keime abzutöten. KD steht für technische Trocknung und HT für Hitzebehandlung. Paletten mit dieser Kennzeichnung sind ungefährlich, haben aber eine sehr negative Umweltbilanz. MB steht für die Begasung mit Methylbromid – Finger weg von diesem Holz.
- **Örtliche Umweltprojekte:** Auch sie bieten gelegentlich Altholz an.

TIPPS FÜR DEN BAU

- Erkundigen Sie sich bei den Behörden nach Bauvorschriften.
- Verwenden Sie gebrauchte Dachziegel, Schindeln oder Dachbegrünung.
- Anstriche auf Wasserbasis sind besser als lösungsmittelbasierte.

GEBRAUCHTE MATERIALIEN FÜR SCHUPPEN

Bereiten Sie zunächst den Boden vor und verlegen Sie gebrauchte Pflastersteine exakt nivelliert auf einem Fundament aus Sand. Je ein Stein kommt in die Ecken, einer in die Mitte. Darauf legen Sie ein Gittergerüst aus Altholz, das den Schuppenboden trägt.

Secondhand-Fenster *findet man in Bauschuttcontainern, doch auch Türen, deren obere Hälfte aus Glas besteht, eignen sich als eine Art »vorgefertigtes« Wandbauteil.*

Wellblechdächer *lassen sich auf Dachlatten befestigen, die man aus alten Paletten geschnitten hat. Gebrauchtes Wellblech bekommt man bei Landwirten und über Online-Kleinanzeigen.*

Dachrinnen *findet man online oder in Alteisencontainern auf Wertstoffhöfen.*

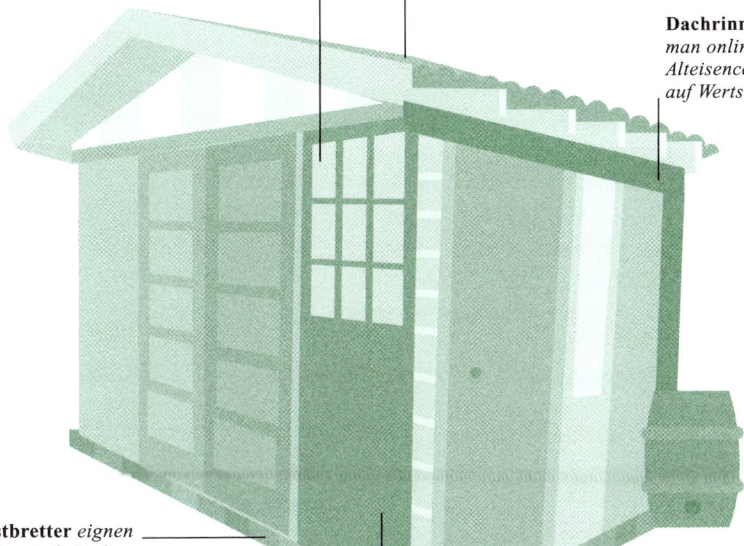

Gerüstbretter *eignen sich gut als Bodendielen. Lösen Sie die Metallbeschläge an den Enden, bevor Sie die Bretter zuschneiden und festnageln.*

Alte Holztüren *landen bei Renovierungsarbeiten oft im Container. Fragen Sie die Besitzer, ob Sie sich die Türen nehmen dürfen.*

Palettenholz *eignet sich für Wände mit Stülpprofil. Alte Paletten gibt es bei Großhändlern, Baumarkt-Outlets oder im Internet. Die Bretter werden gelöst, zurechtgesägt und an den Schuppenrahmen genagelt.*

DACH-
BEGRÜNUNG

Die CO_2-Bilanz eines Secondhand-Schuppens lässt sich noch weiter verbessern, wenn man das Dach begrünt, etwa mit Kräutern, Beeren, Gräsern oder nektarreichen Blumen.

Begrünte Dächer sind schwer: Ist das Substrat feucht, kommen einschließlich Pflanzen zum Teil über 100 kg pro Quadratmeter zusammen. Deshalb braucht man in der Regel Verstärkungen. Größere Gebäude sollten von einem Statiker geprüft werden.

Wer seinen Schuppen selbst baut, braucht dafür zusätzliche Dachbalken und tragfähige Wände. Auch gekaufte Fertigschuppen werden mit je einem kräftigen, im Boden verankerten Tragbalken pro Ecke gesichert, auf denen die Dachkonstruktion aufliegt. Sie wird mehrlagig angelegt; ein Rahmen hält alles zusammen. Trennvliese schützen das Dach, während eine Wurzelschutzfolie verhindert, dass Wurzeln in die Konstruktion eindringen.

BEPFLANZUNG

In seiner einfachsten Form wird ein grünes Dach mit *Sedum*-Arten bepflanzt. Diesen trockenheitstoleranten Sukkulenten reicht eine gerade einmal 8 cm dicke Substratschicht. Erhöht man auf 15 cm, kann man noch mehr Kohlenstoff binden – mit Gräsern, Wildblumen, Thymian, niedrigem Rosmarin und sogar Wald-Erdbeeren.

KOHLENSTOFFSENKE

Mit einem begrünten Dach werden Gebäude zu Kohlenstoffsenken im Kleinformat und verbessern die CO_2-Bilanz des Gartens zusätzlich.

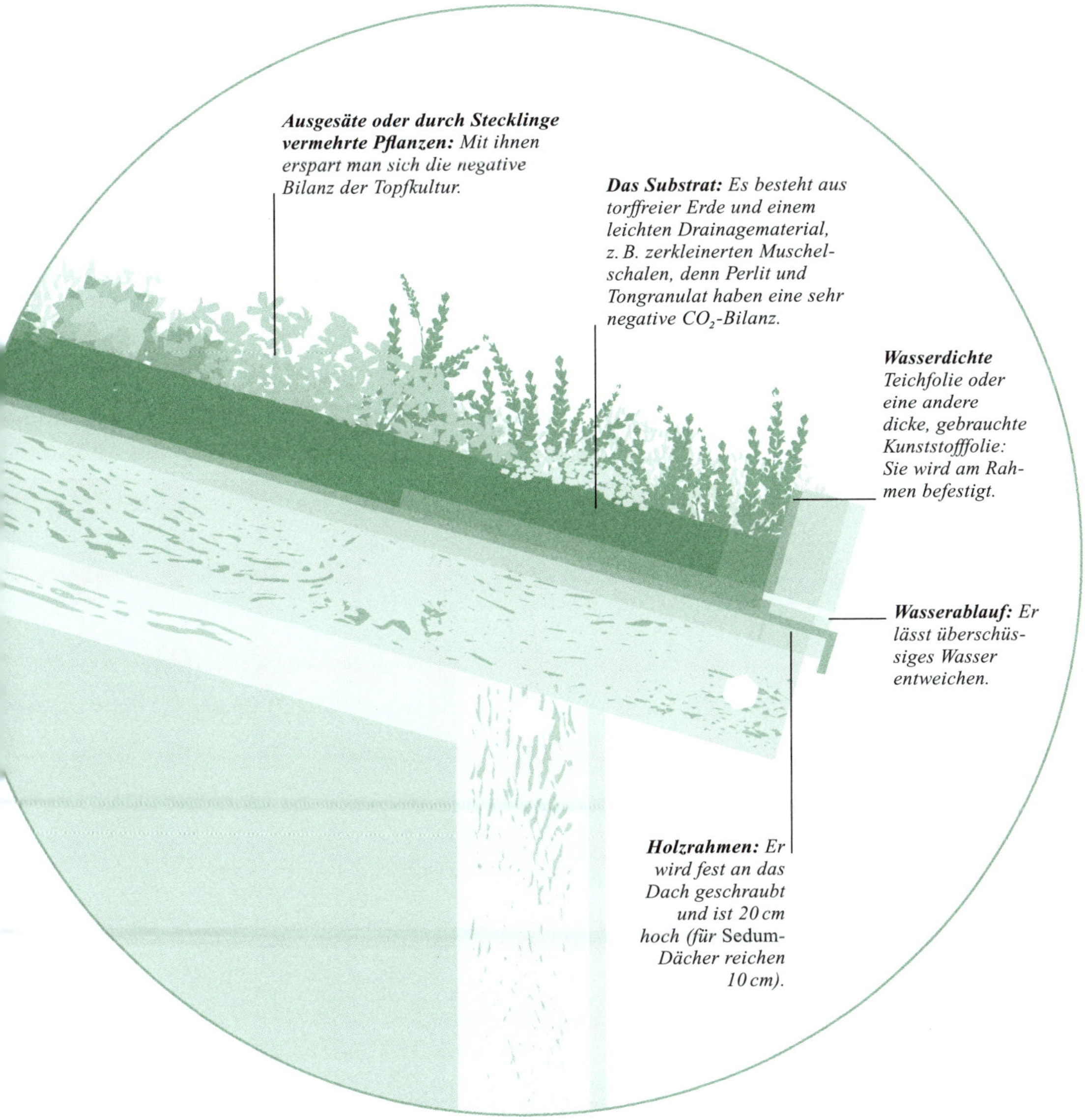
Ausgesäte oder durch Stecklinge vermehrte Pflanzen: *Mit ihnen erspart man sich die negative Bilanz der Topfkultur.*
Das Substrat: *Es besteht aus torffreier Erde und einem leichten Drainagematerial, z. B. zerkleinerten Muschelschalen, denn Perlit und Tongranulat haben eine sehr negative CO_2-Bilanz.*
Wasserdichte *Teichfolie oder eine andere dicke, gebrauchte Kunststofffolie: Sie wird am Rahmen befestigt.*
Wasserablauf: *Er lässt überschüssiges Wasser entweichen.*
Holzrahmen: *Er wird fest an das Dach geschraubt und ist 20 cm hoch (für Sedum-Dächer reichen 10 cm).*

BEPFLANZUNG

Jede Pflanze holt aktiv Kohlendioxid aus der Atmosphäre. Wenn Sie Ihren Garten dicht mit unterschiedlichsten Bäumen, Sträuchern und Stauden bepflanzen, leisten Sie einen wertvollen Beitrag im Kampf gegen den Klimawandel.

EINEN BAUM PFLANZEN

Mit einem Baum im Garten verbessern Sie nicht nur Ihre eigene CO_2-Bilanz, sondern auch die Ihrer Kinder – und mit etwas Glück sogar noch die Ihrer Enkel. Bäume gehören nun einmal zu den besten Mitstreitern im Kampf gegen den Klimawandel.

Bäume absorbieren Unmengen von Kohlendioxid. Sie wandeln es in knorrige Stämme und elegante Äste um, an denen man sich Jahrzehnte lang erfreuen kann. Ihre eminente Rolle als Kohlenstoffspeicher ist unter anderem auf die enorme Menge an Biomasse, also organischer Substanz, zurückzuführen, die ein Gehölz über und unter der Erde hat. Ein einziger Laubbaum, etwa eine Eiche, speichert im Verlauf seines durchschnittlich 100-jährigen Lebens etwa 2,9 Tonnen Kohlenstoff.

Natürlich ist nicht in allen Gärten Platz für eine stattliche Eiche. Auch wenn ein Baum, je größer er ist, desto mehr Kohlenstoff bindet, so leisten doch auch kleine Bäume ihren Beitrag, denn sie leben länger als die meisten anderen Pflanzen.

Zudem fügen sie dem Gartenboden kontinuierlich Kohlenstoff in Form von abgefallenem Laub und Totholz hinzu – und tragen dazu bei, dass er auch dort bleibt, denn sie stehen lange Zeit an ihrem Platz, sodass der Boden nie umgebrochen wird.

EIN EINZIGER **LAUBBAUM** SPEICHERT IM VERLAUF SEINES DURCHSCHNITTLICH **100-JÄHRIGEN** LEBENS ETWA **2,9 TONNEN** KOHLENSTOFF.

DIE WAHL DER BÄUME

Verschiedene Bäume absorbieren Kohlenstoff unterschiedlich stark. Hohe, schnellwüchsige Gehölze wie Pappeln, Weiden und Hänge-Birken speichern es am schnellsten. Dafür wird eine gemächlich wachsende Eiche größer und lebt länger. An das örtliche Klima angepasste Arten (das müssen nicht zwangsläufig einheimische sein) legen stärker zu und binden damit auch mehr Kohlenstoff.

WO KAUFEN?

Eine wichtige Rolle spielt die Entscheidung, wo Sie Ihren Baum

»Bäume gehören zu den besten Mitstreitern im Kampf gegen den Klimawandel.«

kaufen. Exemplare aus Gartencentern sind mit Kohlenstoffemissionen aus Düngemitteln, Bewässerung und Transport belastet. Wenn sie außerdem in torfhaltigem Substrat kultiviert und importiert wurden, ist ihre Umweltbilanz noch schlechter. Bei einem gewerblich herangezogenen Baum dauert es nach dem Einpflanzen 3–10 Jahre, bis er klimaneutral wird.

Eine bessere CO_2-Bilanz haben im Freiland kultivierte Jungbäume, vor allem wenn sie aus regionalem Anbau stammen. Am besten schneiden jedoch Exemplare der Marke Eigenanbau ab. Aber auch wenn es Spaß macht, einen Baum selbst heranzuziehen, so kann es doch Jahre dauern, bis er zu einem ordentlichen Gehölz herangewachsen ist. Rosskastanien und Eichen lassen sich leicht im Herbst aussäen. Stechpalmen, Platanen und Pappeln wiederum können gut mit Steckhölzern vermehrt werden, die man im Winter schneidet.

Hier einige Empfehlungen, geordnet nach Gartengröße:

GROSSE GÄRTEN

- **Schwarz-Pappel** (*Populus nigra*)
- **Stiel-Eiche** (*Quercus robur*)
- **Europäische Eibe** (*Taxus baccata*)
- **Feld-Ahorn** (*Acer campestre*)

MITTELGROSSE GÄRTEN

- **Hasel** (*Corylus avellana*)
- **Sal-Weide** (*Salix caprea*)
- **Holz-Apfel** (*Malus sylvestris*)
- **Chinesische Birne** (*Pyrus calleryana* 'Chanticleer')
- **Vogelbeere** (*Sorbus aucuparia*)

KLEINE GÄRTEN

- **Kupfer-Felsenbirne** (*Amelanchier lamarckii*)
- **Weißdorn** (*Crataegus laevigata*)
- **Kultur-Apfel** (*Malus domestica*)
- **Sauer-Kirsche** (*Prunus cerasus*)
- **Schlehe** (*Prunus spinosa*)

GEFÄSSE

- **Fächer-Ahorn** (*Acer palmatum*)
- **Zier-Kirsche 'Kojo-no-mai'** (*Prunus incisa* 'Kojo-no-mai')
- **Lorbeerbaum** (*Laurus nobilis*)

PFLANZEN ALS CO_2-AUSGLEICH

Bäume entziehen der Atmosphäre so effizient Kohlendioxid, dass ihre Pflanzung eine anerkannte Maßnahme zur Kompensation von CO_2-Ausstoß in anderen Bereichen ist. Doch nicht nur Bäume verbessern Ihre Klimabilanz, Ihr ganzer Garten kann einen Beitrag leisten – wenigstens zum Teil.

Exakte Zahlen lassen sich nicht ermitteln, aber Untersuchungen grüner Stadträume haben ergeben, dass gemischte Pflanzungen aus dicht stehenden Bäumen und anderen Gewächsen pro Jahr etwa 1 Tonne Kohlenstoff pro 0,4 Hektar absorbieren. Wenn Sie Ihren Garten also mit einem breiten Spektrum an Bäumen, Sträuchern, Stauden und Bodendeckern füllen, wird er zu einer Kohlenstoffsenke im Kleinformat. Dabei spielt aber auch eine wichtige Rolle, mit welcher Art von Pflanzen Sie ihn bestücken.

PFLANZEN ABSORBIEREN BIS ZU **29 PROZENT** DER VON **MENSCHEN** VERURSACHTEN **KOHLENDIOXID-EMISSIONEN.**

- **Sträucher:** Die langlebigen Gehölze stehen als Kohlenstoffsammler hinter Bäumen an zweiter Stelle. Eine gute Wahl sind Pfaffenhütchen (*Euonymus europaeus*), Wein-Rose (*Rosa rubiginosa*) und Fingerstrauch (*Potentilla fruticosa*).
- **Holzige Kräuter:** Mediterrane Kräuter stehen mit einem Bein im Gemüsebeet und mit dem anderen in der Strauchrabatte. Gute Dienste leisten sie außerdem in der Küche. Empfehlenswert: Rosmarin (*Salvia rosmarinus*), Thymian (*Thymus vulgaris*) und Salbei (*Salvia officinalis*).
- **Schnellwüchsige Pflanzen:** Je schneller eine Pflanze zulegt, desto mehr Kohlenstoff braucht sie für das Wachstum. Geeignet sind horstbildende Bambusse (*Chusquea* oder *Fargesia*), Silber-Weide (*Salix alba*) und für warme Standorte die Echte Feige (*Ficus carica*).
- **Gräser:** Der meiste Kohlenstoff im Garten befindet sich unter der Erde. Ziergräser haben ein ausgedehntes Faserwurzelsystem und viel oberirdische Biomasse. Empfehlenswert: Riesen-Federgras (*Stipa gigantea*), Silber-Chinaschilf (*Miscanthus sinensis*) und Neuseeland-Windgras (*Anemanthele lessoniana*).
- **Langlebige Stauden:** Das Graben von Löchern setzt Kohlenstoff aus dem Erdreich frei. Je länger eine Pflanze unbehelligt wächst, desto besser. Gut: Bauern-Pfingstrose (*Paeonia officinalis*), Steppen-Salbei (*Salvia nemorosa*) und Sonnenblume (*Helianthus* 'Lemon Queen').

»Wenn Sie ein Spektrum an Bäumen, Sträuchern und Stauden pflanzen, wird Ihr Garten zur Kohlenstoffsenke im Kleinformat.«

STOCK- UND KOPFSCHNEITELUNG

Ein klimafreundlicher Garten ist oft auch ein pflegeleichter: Man packt die Rabatten mit Sträuchern und Stauden voll und lässt sie wachsen. Denn je größer die Pflanzen, desto mehr Kohlenstoff binden sie. Oder?

Im Prinzip ja. Schneidet man Gehölze allerdings regelmäßig zurück, reagieren sie mit einem Wachstumsschub und bilden mindestens so viel neues Holz wie ungeschnittene.

Ein von Zeit zu Zeit auf den Stock gesetzter, also bis zum Boden zurückgeschnittener Baum bindet in etwa so viel Kohlenstoff wie ein ausgewachsener – und lebt obendrein länger, denn er wird quasi ewig jung gehalten. Eine Hasel etwa hat eine Lebensspanne von rund 80 Jahren, doch in der britischen Grafschaft Essex steht ein jahrhundertelang immer wieder auf den Stock gesetztes Exemplar mit einem Alter von über 500 Jahren.

KLEINE RÄUME

Im Garten hat ein solcher Schnitt den Vorteil, dass sich mehr Kohlenstoff auf kleinerem Raum binden lässt. Hainbuchen oder Linden sind eigentlich ideale Bäume für klimafreundliche Gärten, da sie rasch wachsen und kohlenstoffhungrig sind. Allerdings können sie bis zu 30 m hoch werden und sind damit für die allermeisten Gärten viel zu groß. Setzt man sie dagegen immer wieder auf den Stock, bilden sie ständig frische Triebe und werden lediglich 2–3 m hoch. Damit passen sie auch in kleine Gärten und fixieren trotzdem jede Menge Kohlenstoff.

HOLZ ALS BIOBRENNSTOFF

Die meisten Studien zur Kohlenstoffbindung bei stockgeschneitelten Bäumen und Sträuchern befassen sich nur mit der Frage, ob die Verwendung ihres Schnittholzes für die Produktion von Biobrennstoff eine nicht nur erneuerbare, sondern auch CO_2-neutrale Energiequelle ist. Die Antwort lautet: Ja, gerade noch. Man stelle sich jedoch vor, was wäre, wenn man die gekappten Triebe nicht verbrennen würde: Statt den gesamten in ihnen enthaltenen Kohlenstoff in die Atmosphäre zu blasen, könnte man ihn auch einfach im Garten lassen.

STÜTZEN FÜR DEN GARTEN

Haselruten etwa lassen sich als Bohnenstangen verwenden. Damit vermeidet man den CO_2-Verbrauch, der entsteht, wenn man importierte Bambusstäbe im Gartencenter kauft. Bunte Weiden- oder Hartriegeltriebe kann man zu Nullemissions-Kletterhilfen für Duftwicken flechten. Braucht man sie nicht mehr, lässt man sie in einer Gartenecke verrotten und schließt so den Kohlenstoffkreislauf.

WIE UND WANN SCHNEIDEN

STOCKSCHNEITELUNG BEI STRÄUCHERN

Rückschnitt *auf 10–15 cm Höhe im Februar. In den Folgejahren Rückschnitt auf 5–8 cm über dem Boden.*

Wie oft? *Alle 1–2 Jahre*

Geeignet für: *Perückenstrauch* (Cotinus coggygria), *strauchige Hartriegel* (Cornus alba, C. sericea *und* C. sanguinea).

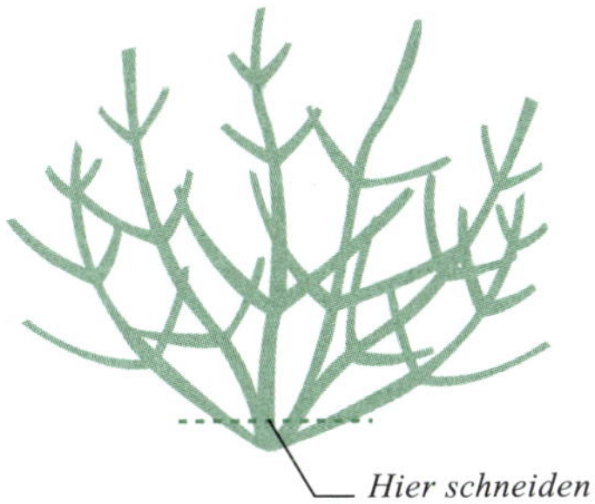

KOPFSCHNEITELUNG

Rückschnitt *aller Äste auf 5–8 cm über die Leitäste im Februar, wenn die Wunschhöhe des Baums erreicht ist.*

Wie oft? *Alle 2–4 Jahre*

Geeignet für: *Holländische Linde* (Tilia × europaea), *Platane* (Platanus × hispanica), *Blauglockenbaum* (Paulownia tomentosa), *Trompetenbaum* (Catalpa bignonioides).

STOCKSCHNEITELUNG BEI BÄUMEN

Rückschnitt *auf 15–20 cm über dem Boden im Februar während der Vegetationsruhe des Baums. In den Folgejahren Rückschnitt auf 5–8 cm Höhe.*

Wie oft? *Alle 3–5 Jahre*

Geeignet für: *Hasel* (Corylus avellana), *Edelkastanie* (Castanea sativa), *Stiel-Eiche* (Quercus robur).

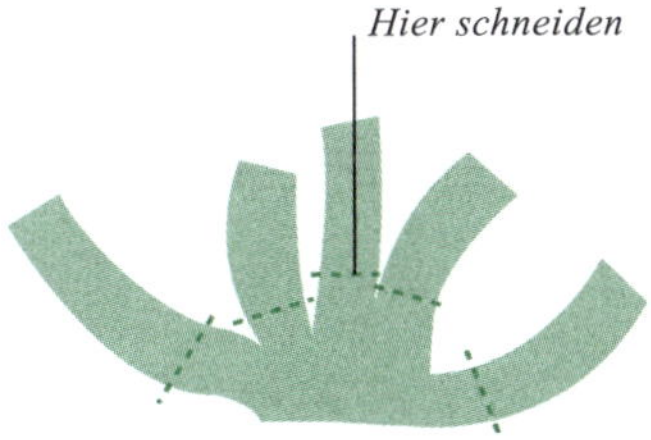

KLIMA SCHÜTZEN – MIT EINER GEMISCHTEN RABATTE

Eine klimafreundliche Rabatte lässt sich ohne großen Aufwand anlegen. Es geht lediglich darum, möglichst lange möglichst viel Kohlenstoff in den Pflanzen und im Boden zu speichern.

Im Prinzip müssen Sie nur dafür sorgen, dass der Kohlenstoff gebunden bleibt. Lassen Sie also den Boden in Ruhe und setzen Sie Pflanzenreste umsichtig ein. Sie führen beim Verrotten den in ihnen enthaltenen Kohlenstoff dem Erdreich zu. Dort bleibt er jahrelang gespeichert und düngt den Boden, sodass Ihre Pflanzen gedeihen.

FRÜHJAHR

1 Räumen Sie vertrocknetes Staudenmaterial weg und kämmen Sie abgefallenes Laub aus immergrünen Gräsern heraus. Es wird kompostiert oder als Mulch liegen gelassen.

2 Halten Sie Ausschau nach Sämlingen, die sich selbst ausgesät haben. Man gräbt sie aus und füllt Lücken an anderer Stelle mit ihnen.

3 Mulchen Sie und verteilen Sie selbst angesetzten Kompost auf nackter Erde.

SOMMER

4 Stützen Sie kopflastige Pflanzen wie Pfingstrosen mit Ruten aus dem eigenen Garten, etwa von Haseln.

5 Schneiden Sie bereits ausgetriebene Sommer- und Herbstblüher unter den Stauden zurück. So werden sie buschiger und blühen reicher.

6 Unkräuter werden mit der Hacke gejätet statt ausgegraben.

7 Zwicken Sie welke Blüten ab.

HERBST

8 Mulchen Sie für den Winter, indem Sie eine Lage gut verrotteten Kompost zwischen den Pflanzen verteilen.

RABATTENPFLEGE

Durch »sanftes Gärtnern« wie hier beschrieben bleibt Ihre Rabatte die ganze Saison hindurch schön – und klimafreundlich.

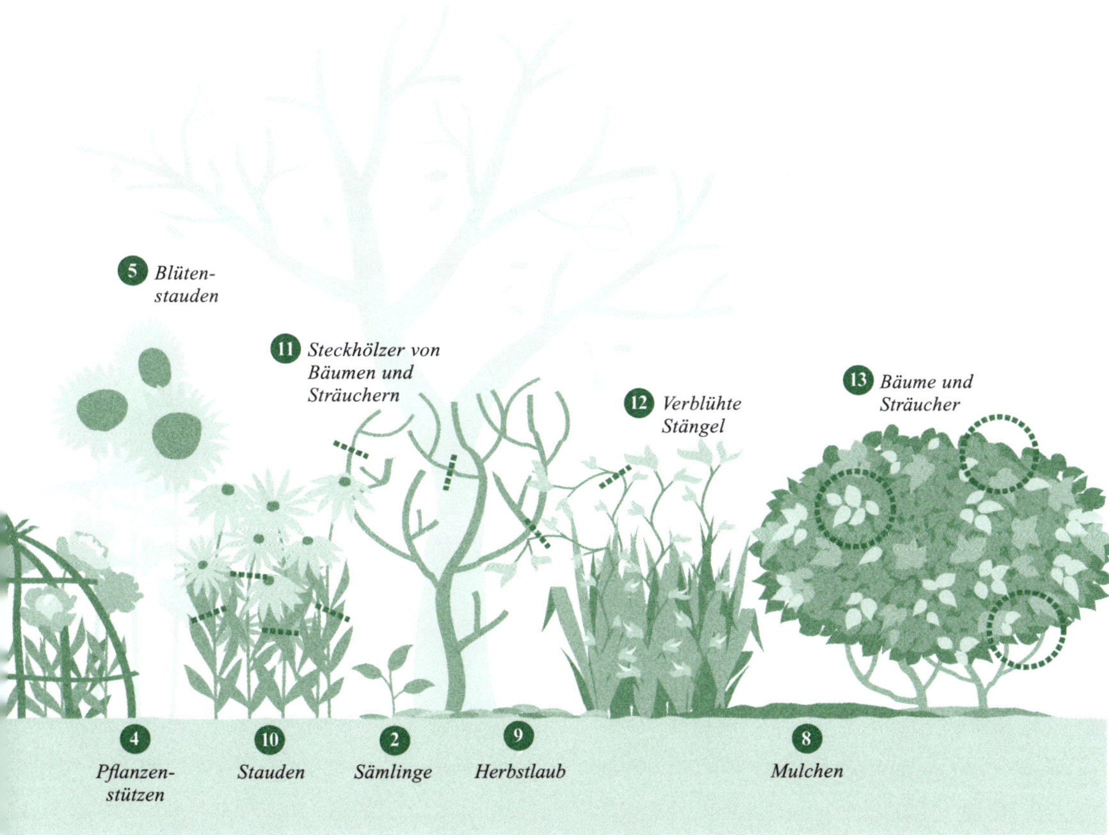

9 Lassen Sie Laub in den Rabatten, nicht aber auf den Pflanzen liegen.
10 Sammeln Sie Samen von Stauden, die Sie im nächsten Jahr gern wieder ansäen möchten, etwa von Akelei, Primeln und Sonnenhut.

WINTER

11 Nehmen Sie Steckhölzer von Sträuchern und Bäumen. Sie werden zu drei Vierteln in Rillen im Freiland gesteckt.
12 Schneiden Sie vertrocknete Blütenstängel ab, falls sie umfallen, lassen Sie den Rest aber stehen, denn sie dienen Tieren als Winterquartier.
13 Die Stock- und Kopfschneitelung von Bäumen und Sträuchern muss bis spätestens Ende Februar abgeschlossen sein.

RASEN

Sie müssen Ihren Rasen nicht gleich aufgeben, um klimafreundlich zu gärtnern – bewirtschaften Sie ihn einfach nachhaltig. So vermeiden Sie die Kohlenstoffemissionen, die mit intensiver Rasenpflege verbunden sind.

DER »GRÜNERE« RASEN

Rasen ist – im wörtlichen wie übertragenen Sinne – viel grüner als etwa ein Betonpflaster. Trotzdem kommt er uns im Kampf gegen den Klimawandel teuer zu stehen.

Als der britische Ingenieur Edwin Beard Budding 1830 den Spindelmäher erfand, hatte er keine Ahnung, welche Revolution er damit in Gang setzte. Der kurz geschorene Rasen ist seither das Herzstück unserer Gärten und die Gartensaison gut gefüllt mit Graspflegearbeiten. Wir kümmern uns mit viel Liebe um unsere grünen Flächen, denn sie eignen sich vorzüglich zum Picknicken und bringen Blumenbeete gut zur Geltung. Außerdem verbessert das Barfußgehen auf Gras den Schlaf, lindert Schmerzen und hilft sogar gegen Stress, wie Studien gezeigt haben.

SELBST NEUE **BENZINMÄHER** STOSSEN PRO STUNDE SO VIELE **SCHADSTOFFE** AUS WIE **EIN AUTO AUF 150 KM**, DARUNTER SCHÄDLICHE TREIBHAUSGASE WIE **STICKOXIDE.**

Nun könnte man meinen, dass Gras gut für die Umwelt ist – und tatsächlich absorbiert es etwas Kohlendioxid und speichert es im Boden. Gleichzeitig aber haben Untersuchungen ergeben, dass der hohe Aufwand, der für gepflegten Rasen betrieben werden muss, diesen Vorteil zunichtemacht.

KLIMAKOSTEN

Wenn Sie Ihren Rasen wöchentlich mit dem Benzinmäher stutzen, ihn düngen und regelmäßig wässern, entsteht durch ihn wesentlich mehr Kohlenstoff, als er absorbiert. Sie können diese Belastung jedoch um bis zu 70 Prozent reduzieren und damit fast Klimaneutralität für ihn erreichen, indem Sie an mehreren Fronten entspannter an die Sache herangehen.

Statt Rasen mit Kunstdünger zu versorgen, lassen Sie doch einfach den stickstoffreichen Grasschnitt liegen. Lernen Sie mit niedrigen Unkräutern wie Gänseblümchen und Klee zu leben: Sie binden mehr Kohlenstoff als Gras, liefern Bienen Nektar und halten Ihren Rasen bei Trockenheit grüner, sodass Sie nicht gleich zum Gartenschlauch greifen müssen.

Zu den – hinsichtlich der CO_2-Bilanz – kostenintensivsten Faktoren der Rasenpflege aber gehört das

»Mit der Entwicklung aufladbarer Lithium-Ionen-Akkus für E-Autos ist auch eine neue Generation batterie-betriebener Mäher entstanden.«

Mähen. Selbst nagelneue Benzinmäher stoßen pro Stunde so viele Schadstoffe aus wie ein Auto auf 150 km; darunter sind auch sehr schädliche Treibhausgase wie Stickoxide. Die Kohlenstoffemissionen für die Herstellung der fossilen Brennstoffe und des Mähers sind da noch gar nicht mit eingerechnet.

GRÜNE ALTERNATIVEN

Die einzige Alternative zu Benzinmähern waren bis vor Kurzem elektrische Mäher (sieht man einmal von Handrasenmähern ab, die zwar am umweltfreundlichsten sind, sich aber nur für kleine Flächen eignen). Elektrogeräte können eine gute CO_2-Bilanz vorweisen, sofern man seinen Strom aus erneuerbaren Quellen bezieht, haben aber einen großen Nachteil: Das Kabel begrenzt die Reichweite und kann sich um die Beine wickeln.

Im Zuge der Entwicklung aufladbarer Lithium-Ionen-Akkus für E-Autos ist auch eine neue Generation batteriebetriebener Rasenmäher entstanden. Die schnurlosen Geräte können es selbst mit großen Flächen und hohem Gras aufnehmen und stoßen keinerlei Schadstoffe aus. Wenn man seinen Rasen damit – und vielleicht auch noch weniger häufig – mäht, wird er gleich »grüner«.

LITHIUM-IONEN-AKKUS

Selbst wenn man seinen Rasen mit einem Akkumäher stutzt, hat er noch keine neutrale Klimabilanz. Der Abbau des Lithiums für die Batterien setzt große Mengen Kohlenstoff frei. Derzeit werden außerdem nicht einmal 5 Prozent der Lithium-Ionen-Batterien recycelt. Damit handelt es sich um eine nicht erneuerbare Technologie. Allerdings ist die Bilanz trotzdem noch besser als bei fossilen Brennstoffen.

RASEN OHNE GRAS

Gras bindet zwar Kohlenstoff, doch längst nicht so viel wie niedrige, verholzende Stauden. Mit Rasen ohne Gras ersparen Sie sich die ökologischen Nachteile des wöchentlichen Mähens.

Grasloser Rasen besteht überwiegend aus niedrigen Stauden, die sich vegetativ vermehren, also durch unterirdische Triebe, Adventivwurzeln an den Trieben oder oberirdische Ausläufer ausbreiten und dadurch dichte grüne Matten bilden. Auf ihnen kann man wie auf herkömmlichem Rasen gehen und sitzen, bekommt aber angenehme Düfte, Blüten und Kohlenstoffbindung als Bonus dazu.

Grasloser Rasen aus niedrigen Pflanzen ist für eher kleine, wenig benutzte Flächen geeignet. Tägliches Fußballspielen verkraftet er nicht, aber ein- oder zweimaliges Betreten am Tag und ein gelegentliches Picknick machen ihm nichts aus.

DAS AREAL VORBEREITEN

Wenn Sie eine graslose Rasenfläche anlegen wollen, bereiten Sie den Boden zunächst gut vor, indem Sie ihn jäten, glatt harken und große Steine entfernen. Sie brauchen etwa 100 Pflanzen pro Quadratmeter, die Sie mit 10 cm Abstand pflanzen. Die Aussaat von Blütenpflanzen ist möglich, doch besser fährt man, wenn man eingetragene Sorten in Form bewurzelter Ausläufer setzt oder bereits größere Exemplare ersteht, teilt und die Einzelteile pflanzt.

Nach dem Pflanzen lässt man den Rasen mindestens 12 Wochen lang einwachsen, bevor man ihn betritt, jätet in dieser Zeit aber gut. Gedüngt oder regelmäßig gemäht werden muss grasloser Rasen nicht – es reicht, ihn ein- oder zweimal jährlich mit der Heckenschere zu stutzen.

GRASERSATZ

- **Römische Kamille** (*Chamaemelum nobile*): Die Sorte 'Treneague' eignet sich für Kamillerasen am besten, da sie nicht blüht und daher kompakt bleibt. Die Pflanze braucht viel Sonne und durchlässige Böden.
- **Sand-Thymian** (*Thymus serpyllum*): Er bevorzugt ähnliche Bedingungen wie die Römische Kamille und sieht toll aus, wenn er blüht.
- **Weiß-Klee** (*Trifolium repens*): Er kann ausgesät werden, doch muss man nach 2–3 Jahren nachsäen. Länger hält eine Mischung aus kleinblättrigem Weiß-Klee und Gräsern namens »Microclover«.
- **Korsische Minze** (*Mentha requienii*): Das duftende Kraut wächst gut im Schatten, breitet sich aber sehr stark aus. Eine solide Begrenzung ist nötig, damit es sich nicht auf andere Gartenareale ausdehnt.

EINEN TEPPICHRASEN ANLEGEN

Ein Teppichrasen ist ein grasloser Rasen aus vielen verschiedenen Pflanzenarten. Entwickelt hat ihn Dr. Lionel Smith, Professor für Ökologie an der britischen Universität Reading, für ein von der Royal Horticultural Society (RHS) gefördertes Projekt.

1 *Mindestens 12 unterschiedliche Arten mit variierenden Laubfarben und Blühzeiten auswählen.*

2 *Arten blockweise mit 10 cm Abstand zwischen den Pflanzen gruppieren.*

3 *Die Fläche im ersten Monat wässern und alle Unkräuter sofort entfernen.*

4 *Mit dem Mähen beginnen, sobald die Pflanzen 6–9 cm hoch sind. Schnitthöhe auf 4–5 cm einstellen und einfach darüber hinwegfahren – es schadet den Pflanzen nicht, bewahrt aber ein Gleichgewicht zwischen hohen und niedrigen Arten. Noch weitere drei bis fünf Mal im Jahr mähen.*

PFLANZEN FÜR TEPPICHRASEN

- **Rotes Stachelnüsschen** (*Acaena inermis* 'Purpurea')
- **Wiesen-Schafgarbe** (*Achillea millefolium*)
- **Kriechender Günsel** (*Ajuga reptans*)
- **Gänseblümchen** (*Bellis perennis*)
- **Dalmatiner Glockenblume** (*Campanula portenschlagiana*)
- **Römische Kamille** (*Chamaemelum nobile*)
- **Heide-Nelke** (*Dianthus deltoides*)
- **Salz-Fiederpolster** (*Leptinella dioica*)
- *Oxalis magellanica*
- **Mäuseohr** (*Pilosella officinarum*)
- **Weiß-Klee** (*Trifolium repens*)
- **Gamander-Ehrenpreis** (*Veronica chamaedrys*)

DARF'S EIN BISSCHEN MEHR SEIN?

Man muss Rasen nicht gleich ersetzen, um ihn in eine effizientere Kohlenstoffsenke zu verwandeln, die einen wichtigen Beitrag zur Bekämpfung des Klimawandels leistet – es reicht schon, nicht mehr zu mähen. Denn etliche Wildblumen und Gräser warten nur darauf, zum Leben erwachen zu dürfen.

Kaum lässt man Rasen ein paar Wochen lang ungehindert wachsen, schon durchsetzen Klee und Gänseblümchen das weiche, eintönige Grün. Und gibt man ihm noch ein bisschen mehr Zeit, wird man nach und nach immer mehr Wildblumen entdecken – aber auch Bienen und Schmetterlinge, die sich über ihren Nektar hermachen.

NATÜRLICHES **GRASLAND** BINDET MEHR ALS **3 TONNEN** KOHLENSTOFF PRO HEKTAR.

LEBENSRAUM

Wenn Sie den Mäher ganz ausmustern, wird Ihr Rasen mit der Zeit wieder zu natürlichem Grasland, das mehr als 3 Tonnen Kohlenstoff pro Hektar bindet und damit einer der wirkungsvollsten Kohlenstoffsammler überhaupt ist. Ein solches Habitat enthält nicht nur vielerlei Wildblumen, sondern bietet überdies zahlreichen Insekten Nahrung und eine Bleibe und bringt damit Leben in Ihren Garten.

WILDRASEN PFLEGEN

Wie Untersuchungen gezeigt haben, renaturiert man Rasen am besten mit einem »Irokesenschnitt«, das heißt, dass man nur bestimmte Bereiche mäht und die übrigen wachsen lässt.

- **Wege:** Pfade durch den Wildrasen sollten wöchentlich gemäht werden, damit sie eine klare Schneise bilden, am besten mit einem Handrasenmäher. Lassen Sie auch eine »Lichtung«, auf der Sie Wildblumen von Nahem betrachten können.
- **In Hausnähe:** Wo man kurzes Gras braucht, sollte man alle vier Wochen mähen. Dort entsteht die höchste Anzahl von Blumen und zehnmal so viel Nektar für Bienen. Löwenzahn, Weiß-Klee, Braunelle und Hahnenfuß bekommen hier eine Chance.
- **Weiter weg vom Haus:** Dort mäht man das ganze Jahr fast gar nicht, damit höhere, langsamer wachsende Wildblumen erscheinen. Bei einem einmaligen Schnitt pro Saison stellen sich Arten wie Magerwiesen-Margerite, Acker-Witwenblume, Flockenblume und Lichtnelke ein. Hohes Gras befördert zudem mehr Kohlenstoff tiefer in die Erde.

»Ungemäht wird Ihr Rasen wieder zu natürlichem Grasland – einer der besten Kohlenstoffsenken überhaupt.«

DIE KLIMA-FREUNDLICHE WIESE

Zu den ansprechendsten Formen von naturnahem Grasland gehört die blumendurchsetzte Heuwiese. Selbst in Ihrem Garten können Sie ein Fleckchen Wiese anlegen, das für einige unserer seltensten und schönsten Arten vielleicht ein letzter Zufluchtsort ist.

Traditionell bewirtschaftete Heuwiesen lässt man im Frühjahr wachsen, um sie im Sommer zu mähen. Deshalb gedeihen darin allerlei Wildblumen wie Mädesüß, Labkraut, Kuckucks-Lichtnelke und Storchschnabel.

Leider ist die Heuwiesenfläche in Mitteleuropa seit dem 19. Jahrhundert stark geschrumpft – in Deutschland um 98 Prozent. Ein Großteil wurde in Ackerland oder intensiv gedüngte Futterwiesen umgewandelt, in denen Wildblumen keine Chance haben.

KLEINE GARTENWIESEN

Reserviert man im Garten einen Bereich für eine Wiese, werden dort Wildblumen gedeihen. Mit ihnen erwacht der Garten erst so richtig zum Leben. Denn Wildblumenwiesen gehören zu den besten Lebensräumen überhaupt. Sie beherbergen nektarreiche Blüten und Grashorste, die Solitärbienen sowie Laufkäfern als Schutzzonen dienen. Zudem locken sie viele weitere Bienenarten, Schmetterlinge wie das Schachbrett und den Hauhechel Bläuling sowie etliche Bestäuber an, die man nirgendwo sonst antrifft.

DIE KLIMAFREUNDLICHE ART

Eine Wiese auf herkömmliche Art anzulegen kann aufwendig sein. Man braucht Maschinen, um den nährstoffreichen Oberboden abzutragen, was einen Großteil des darin enthaltenen Kohlenstoffs freisetzt. Auch der Kauf von Samen und Setzlingen, die an weit entfernten Orten gewerblich erzeugt wurden, hat eine negative CO_2-Bilanz.

Doch es geht auch klimafreundlicher – wenn man sich die bereits im Garten vorhandenen Wildblumen zunutze macht. Sie kennen Sie vielleicht als Unkraut, doch sind Hahnenfuß, Klee und Löwenzahn ausgesprochen wertvolle Nahrungspflanzen für Bienen und andere Bestäuber.

WILDBLUMENSCHÖNHEITEN

Sobald sich die Gräser auf dem Rückzug befinden, gesellt sich zur ersten Welle der gängigsten Arten eine Reihe weiterer Schönheiten wie Flockenblume, Lichtnelke oder Wiesen-Schaumkraut dazu – und mit etwas Glück sogar die eine oder andere Orchidee. Ab jetzt macht es viel Spaß, Neuzugänge zu entdecken. Mit anderen Worten: Sie bekommen gratis die Wiese, wie sie die Natur angelegt hätte – und das auch noch maßgeschneidert für Ihren Garten.

»Eine klimafreundliche Wiese belastet die CO_2-Bilanz Ihres Gartens so gut wie nicht.«

EINE KLIMAFREUNDLICHE WIESE ANLEGEN

1 *Das Gras im Frühherbst auf niedrigster Schnitthöhe mähen – das schwächt die Gräser und legt den einen oder anderen kahlen Fleck frei. Den Grasschnitt komplett entfernen.*

2 *Halbschmarotzer auf die nackte Erde säen – sobald sie eingewachsen sind, schwächen sie die Gräser, sodass Wildblumen zum Zug kommen. Geeignet sind* Rhinanthus minor *und* Euphrasia nemorosa.

3 *Im Frühjahr und Sommer überhaupt nicht mähen. Große einheimische Arten wie Wiesen-Kerbel, Disteln und Nesseln bieten Tieren Nahrung und Schutz und sollten möglichst toleriert bzw. höchstens von Hand ausgedünnt werden, falls sie überhandnehmen.*

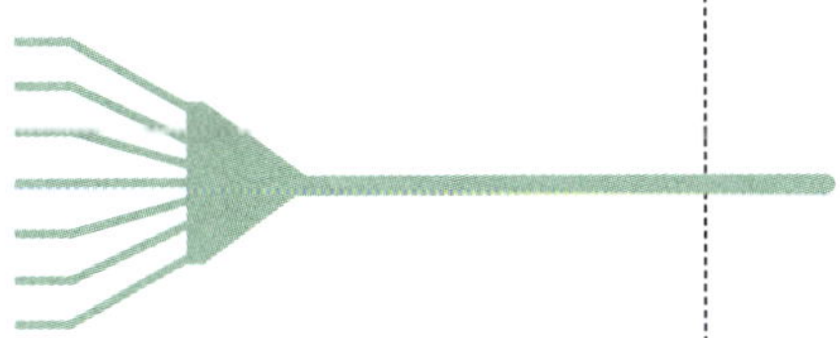

4 *Im Spätsommer den Jahresschnitt durchführen, das Heu zusammenharken und auf den Kompost geben. Es kann einige Jahre dauern, bis sich ein Gleichgewicht aus Gräsern und Wildblumen einstellt – das Ergebnis aber ist eine dauerhafte Heuwiese.*

HECKEN UND BEGRENZUNGEN

Hecken dienen nicht nur als Grenzlinie und Schutzwall, sie enthalten auch viel Biomasse. Eine durchdacht angelegte Hecke hat das Potenzial, beachtliche Mengen CO_2 zu absorbieren und Kohlenstoff zu binden.

HECKEN PFLANZEN

Man kann sich für einen Garten keine weichere Kulisse vorstellen als eine Hecke. Sie bildet einen dunkelgrünen Vorhang hinter den Pflanzen und gibt ihnen dadurch eine Bühne. Gleichwohl sind auch die Hecken selbst voller Leben und dienen allerlei Tieren als grüne, belaubte Unterkünfte.

Und: Sie saugen Kohlenstoff auf wie keine andere Grundstücksbegrenzung. Eine gut zusammengestellte Hecke enthält unglaublich viel Biomasse mit reichlich kohlenstoffbindendem Holz und dichtem Geäst, was die Fähigkeit, Kohlendioxid zu absorbieren, noch einmal erhöht.

Zugleich schützen Hecken Gärten vor Wind, Bodenerosion und Lärm. Sie filtern Schadstoffe aus der Luft und bilden, sofern stachelbewehrt, eine undurchdringliche Barriere.

EINE **100 METER LANGE,** GUT EINGEWACHSENE **GEMISCHTE HECKE** BINDET PRO JAHR RUND **1,2 TONNEN KOHLENDIOXID.**

WELCHE HECKE?

Immergrüne Hecken sind die besten CO_2-Schlucker, denn sie können das ganze Jahr Fotosynthese betreiben. Breite Hecken binden Kohlenstoff besser als hohe und müssen nicht so häufig geschnitten werden. Langsam wachsende Pflanzen brauchen seltener einen Schnitt, was gut für Sie und den Planeten ist, denn die aufgewendete Energie belastet Ihre Klimabilanz.

- **Europäische Eibe** (*Taxus baccata*): Eiben tragen dunkle, glänzende Nadeln. Sie lassen sich gut stutzen und sind erste Wahl für formale Hecken. Vögel lieben ihre Beeren.
- **Darwins Berberitze** (*Berberis darwinii*): Sie eignet sich mit ihren kleinen, dunkelgrünen Blättern, orangen Blüten und violetten Beeren bestens als Heckenpflanze.
- **Japanische Stechpalme** (*Ilex crenata*): Sie ist ideal für niedrige Hecken bis 1 m Höhe.
- **Lorbeerbaum** (*Laurus nobilis*): Lorbeer ist nicht winterhart, leistet aber im Topf als variable, transportable Hecke gute Dienste.
- **Schmalblättriger Klebsame** (*Pittosporum tenuifolium*): Nicht sehr frostfeste Pflanze für Gegenden mit warmem Klima.

HECKEN PFLEGEN

- **Stutzen Sie Hecken** einmal jährlich im Spätsommer nach der Brutzeit der Vögel so, dass sie nach oben schmaler werden.
- **Schneiden Sie sie** von Hand oder mit Elektroscheren, deren Strom aus erneuerbaren Quellen stammt.

»Hecken filtern verkehrs-bedingte Schadstoffe aus der Luft.«

EINE HECKE FÜR TIERE

Eine Hecke aus einer einzigen Pflanzenart kann viel Kohlenstoff binden. Noch weit größer aber ist der Effekt, wenn man eine gemischte Naturhecke aus heimischen Arten mit vielen Blüten und Früchten anlegt.

Gemischte Hecken sind nichts für Leute, die alles quadratisch, praktisch und gut haben möchten. Auf perfekte Geometrie und messerscharfe Kanten muss man bei ihnen verzichten, denn jede Pflanze wächst in ihrem eigenen Tempo. Dafür machen sie Gartengrenzen weicher und bieten ganzjährig Abwechslung, ob mit Weißdornblüten im Sommer oder blauschwarzen Schlehen im Herbst. Kommen noch Kirschpflaumen, Brombeeren und Wildbirnen dazu, kann man sogar Früchte ernten.

TIERISCHE BESUCHER

Gemischte Hecken gehören zu den besten Naturräumen. Sie bieten Korridore für Wühlmäuse und Igel, aber auch Beeren für Vögel. Manche Schmetterlinge sind auf sie angewiesen. Die Raupe des Nierenfleck-Zipfelfalters etwa ernährt sich überwiegend vom Laub der Schlehe.

NATÜRLICHE KOHLENSTOFFSENKEN

Gemischte Hecken sind vermutlich bessere Kohlenstoffsenken als formale. Einer Studie zufolge verbessert sich die Fähigkeit von Wäldern, Kohlenstoff zu binden, mit jeder zusätzlichen Baumart um 6 Prozent – Arten zu mischen ist also eindeutig besser. Aber auch bei der reinen Biomasse punkten gemischte Hecken.

HECKEN GESTALTEN

Selbst in Mischhecken herrscht meist eine einzige Art vor. Streben Sie eine Dominanz von 60–70 Prozent an. Viele Hecken bestehen überwiegend aus Weißdorn, doch auch Haseln, Buchen und Stechpalmen eignen sich. Dann fügt man 4–5 weitere Arten hinzu, am besten in Zweier- oder Dreiergruppen, damit sie nicht von wüchsigeren Nachbarn verdrängt werden. Später können Sie noch Hunds-Rosen, Heckenkirschen oder Brombeeren einfügen, um sie dichter zu machen und die Biodiversität zu erhöhen.

PFLANZEN FÜR GEMISCHTE NATURHECKEN

- **Schlehe** (*Prunus spinosa*)
- **Kirschpflaume** (*Prunus cerasifera*)
- **Holunder** (*Sambucus nigra*)
- **Feld-Ahorn** (*Acer campestre*)
- **Schneeball** (*Viburnum opulus*)
- **Weißdorn** (*Crataegus monogyna*)
- **Stechpalme** (*Ilex aquifolium*)
- **Hasel** (*Corylus avellana*)
- **Kultur-Birne** (*Pyrus communis*)
- **Pfaffenhütchen** (*Euonymus europaeus*)

EINE NATURHECKE FÜR TIERE PFLANZEN

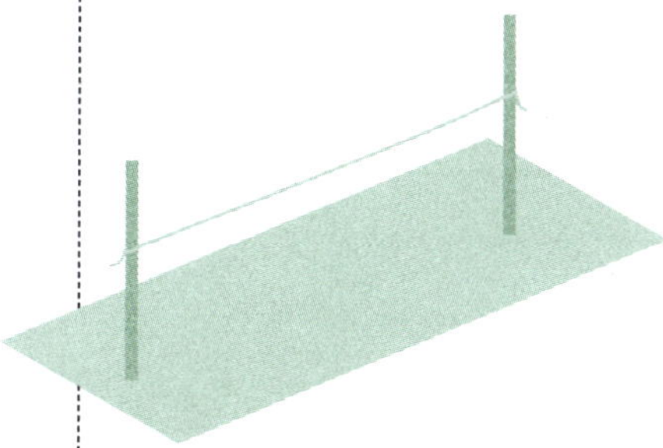

1 *Einen etwa 1 m breiten Streifen freiräumen. Dazu Unkraut und große Steine entfernen und eine Schnur zwischen zwei Pflöcke spannen, um eine gerade Linie als Anhaltspunkt für die Pflanzungen zu haben.*

2 *Im Winter etwa zweijährige, rund 60 cm hohe Heckengewächse kaufen, am besten wurzelnackt, also ohne Ballen und in der Winterruhe. Wer genug Geduld hat, kann die meisten einheimischen Arten auch gut durch Aussaat oder Steckhölzer vermehren.*

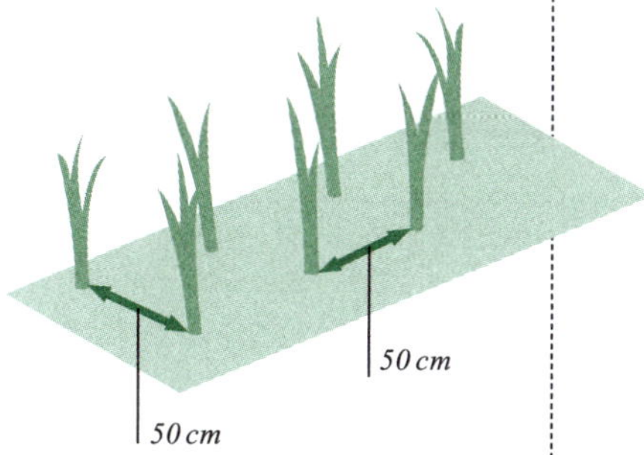

3 *Gehölze in versetzten Doppelreihen mit etwa 50 cm Abstand zueinander pflanzen. Mit einem Spaten einen Spalt für jedes Exemplar stechen, dann die Pflanze so hineinsetzen, dass sich der Ansatzpunkt der obersten Wurzeln auf Bodenhöhe befindet.*

4 *Spalt mit Erde füllen, Pflanze andrücken, wässern und mit Kompost mulchen. Im ersten Jahr gut wässern und ggf. mit 1,2 m hohem Maschendraht vor Wildverbiss schützen. Dann zurücklehnen und den Lebensraum für die heimische Tierwelt genießen.*

EINEN NATURZAUN BAUEN

Gartenhecken – selbst Naturhecken (siehe S. 50–51) – brauchen etwas Pflege, und sei es auch nur ein grober Schnitt im Spätsommer. Das aber schlägt sich in einer negativen CO_2-Bilanz nieder, da Motorheckenscheren zum Einsatz kommen und Schnittholz anfällt. Ein Naturzaun dagegen ist komplett wartungsfrei.

Ein Naturzaun ist ein Mittelding zwischen Hecke und Zaun: eine rustikale, natürliche Begrenzung ähnlich einer Hecke, aber eigentlich ein Zaun aus Gehölzschnitt – also eine Art Komposthaufen für Äste etc., die man sonst zum Wertstoffhof bringt.

KEIN HOLZABFALL MEHR

Für einen Naturzaun kann alles verwendet werden: Hecken- und Rosenschnitt, tote Äste, abgeblühte Himbeerruten, tote Brombeertriebe … alles, was zu holzig für den Komposthaufen ist. Weglassen sollte man nur Material, das mit Krankheiten wie Baumkrebs oder Feuerbrand infiziert ist.

Das Holz steckt voller Kohlenstoff, der in die Atmosphäre zurückgeschickt würde, wenn man es häckseln – oder schlimmer noch: verbrennen – würde. Stapelt man es hingegen als Naturzaun, verrottet es langsam und der Kohlenstoff kehrt in den Boden zurück. Klimaneutraler geht's nicht.

NATURZÄUNE GESTALTEN

Naturzäune eignen sich vor allem als zwanglos-naturnahe Gartenbegrenzung. Sie sind niedriger als lebende Hecken, dienen als Windschutz und bieten vielen Tierarten einen Lebensraum.

***Schlagen Sie eine Doppelreihe** aus dicken, 1,8 m langen Pfosten mit 1 m Abstand zwischen den Reihen so in die Erde, dass sie noch 1 m herausragen. Die Pfosten müssen versetzt zueinander stehen, der Abstand innerhalb der Reihe beträgt etwa 1,5 m. Idealerweise handelt es sich bei den Pfosten um 5-jährige Triebe von auf den Stock gesetzten Haseln aus dem eigenen Garten.*

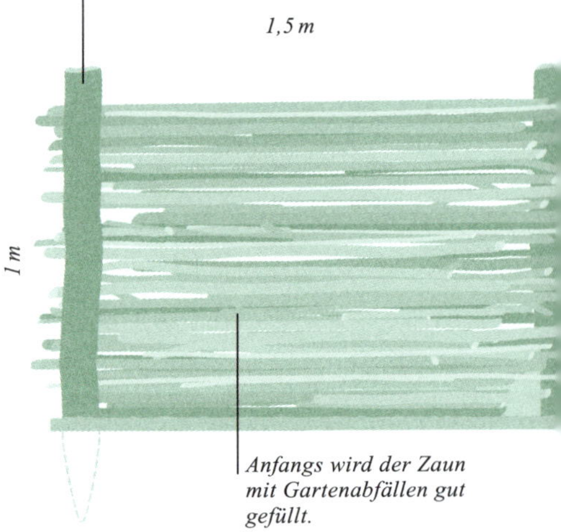

Anfangs wird der Zaun mit Gartenabfällen gut gefüllt.

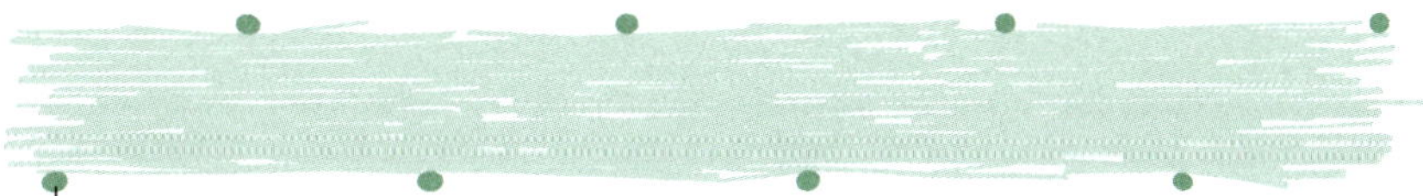

Ein Naturzaun aus der Vogelperspektive: Man sieht die versetzt angeordneten Pfosten.

Es dauert ein paar Jahre, *bis die erste Füllung verrottet ist (abhängig von der Dicke des Schnittabfalls). Zusammen mit Herbstlaub und anderen Pflanzenresten bildet sie eine Schicht aus brauner organischer Substanz. Füllen Sie weiteren Schnittabfall nach, wenn die Zaunhöhe sinkt.*

Stampfen Sie den Inhalt *jedes Mal zusammen, bevor Sie weiteren Schnittabfall dazugeben. Durch gleichmäßiges Verdichten fördert man den Zersetzungsprozess. An den Rand sollten längere, dickere Äste, in die Mitte dünnere kommen.*

Legen Sie weitere Äste nach, *wenn der Schnittabfall allmählich verrottet und der Zaun immer niedriger wird. Diese Lage ist die artenreichste – hier fühlen sich vor allem Kröten, Blindschleichen, Igel und Hirschkäfer wohl.*

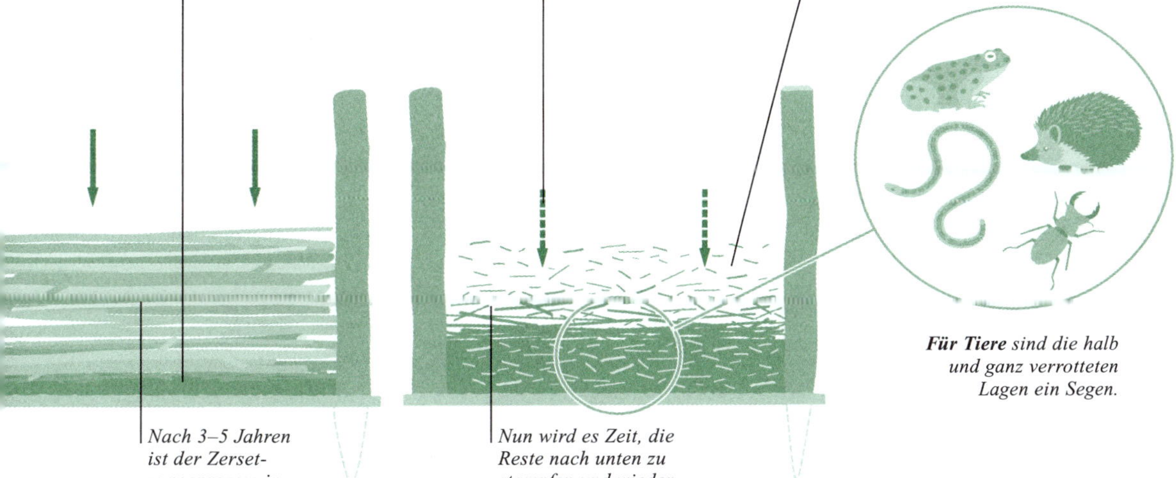

Für Tiere *sind die halb und ganz verrotteten Lagen ein Segen.*

Nach 3–5 Jahren ist der Zersetzungsprozess in vollem Gang.

Nun wird es Zeit, die Reste nach unten zu stampfen und wieder aufzufüllen.

WEGE, PFLASTER UND TERRASSEN

Wege, gepflasterte Flächen und Terrassen … sie alle tragen dazu bei, dass wir unseren Garten genießen können. Allerdings verhindern befestigte Flächen auch einen natürlichen Wasserabzug und sind mit einem hohen Ausstoß an Treibhausgasen verbunden. Zum Glück gibt es einfache Alternativen.

RITZEN BEGRÜNEN

Beim Einzug in ein Haus ist die Wahrscheinlichkeit groß, dass eine Terrasse und einige Wege schon angelegt sind. Sofern es nicht gute Gründe für einen Austausch gibt, ist es für das Klima am besten, wenn man sie nicht herausreißt und ersetzt, sondern übernimmt und das Beste daraus macht.

Trotzdem kann man noch eine Menge tun, um die Klimabilanz zu verbessern. Pflanzen am Rand und in den Ritzen befestigter Flächen absorbieren überschüssiges Regenwasser für einen Bruchteil der Kohlenstoffkosten, die mit der Herstellung, dem Transport und dem Verlegen durchlässiger neuer Beläge verbunden sind. Außerdem nehmen sie Kohlenstoff auf und binden ihn im Boden. Abgesehen davon ist es keine Frage, was schöner ist: Fugenmörtel oder blühender Thymian?

EINE **RANDBEPFLANZUNG** BEFESTIGTER FLÄCHEN BIETET NICHT NUR **NAHRUNG** UND **LEBENSRAUM** FÜR TIERE, SIE LOCKT AUCH **BESTÄUBER** AN UND ERHÖHT DIE **BIODIVERSITÄT.**

BEGRÜNTE RITZEN

Wenn Wege oder Terrassen schon recht mitgenommen sind und Risse oder kaputte Fugen aufweisen, in denen

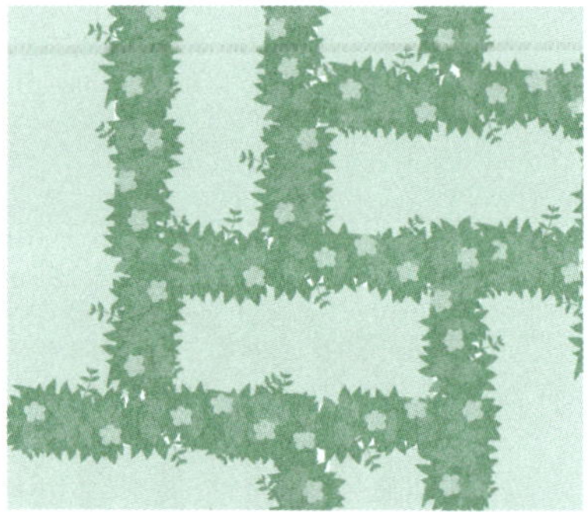

Lücken mit Grün füllen

sich Unkraut festgesetzt hat, füllen Sie die Lücken nicht mit Mörtel, sondern begrünen Sie sie. Die Bepflanzung verdrängt das Unkraut und beschert Ihnen Blüten sowie angenehme Düfte beim Betreten. Ideal sind Sand-Thymian (*Thymus serpyllum*), Korsische Minze (*Mentha requienii*) und Sternmoos (*Sagina subulata*).

TRITTSTEINE

Man kann auch einen anderen Weg gehen und die Lücken zwischen den Platten vergrößern, um daraus Tritt-

Trittsteine

steine zu machen. Platzieren Sie die Steine dort, wo man beim Gehen willkürlich hintritt. Sie werden auf einem 1,5 cm dicken Fundament aus Sand verlegt. Als Bepflanzung eignen sich Römische Kamille (*Chamaemelum nobile*), Kriechender Günsel (*Ajuga reptans*) und Braunblättriges Stachelnüsschen (*Acaena microphylla*).

ZUFAHRT MIT FAHRSPUREN

Wenn man nur Fahrspuren anstelle einer komplett befestigten Fläche anlegt, wird eine Zufahrt weniger dominant und verschmilzt harmonisch mit dem Garten. Durch eine Begleitbepflanzung am Rand entsteht außerdem ein natürlicher Wasserablauf. Das ist besonders wichtig, wenn die Zufahrt direkt mit einer öffentlichen Straße verbunden ist. Für die Bepflanzung bieten sich an: *Erigeron karvinskianus*, *Campanula poscharskyana* und *Geranium subcaulescens*.

Fahrspur aus Rasengittersteinen

GRÜNE INSELN

Warum nicht einige Platten entfernen und die Lücken zu grünen Inseln umfunktionieren? Sie können mit unterschiedlichstem Grün, von Gräsern und Stauden bis hin zu Kräutern, bepflanzt werden. Einfach das Fundament entfernen und das Loch mit Erde füllen. Ideale Bepflanzung: Erdbeeren, Rosmarin und *Hebe* 'Red Edge'.

Grüne Inseln in Terrassen

BEPFLANZUNG VON LÜCKEN

1 *Alte Fugenfüllungen mit einem Fugenkratzer entfernen. Hartnäckige Reste mit Hammer und Meißel herausholen.*

2 *3 Teile Universalerde und 1 Teil Gartensand mischen. Auf dem Pflaster verteilen und sauber in die Ritzen einkehren.*

3 *Pflanzen in den richtigen Sorten im Topf kaufen, in einzelne bewurzelte Abschnitte teilen und mit etwa 20 cm Abstand in die Ritzen pflanzen. Erde nachfüllen und andrücken.*

4 *Sand-Thymian kann man auch ansäen. Dazu das Saatgut direkt auf feuchte Erde streuen und leicht festdrücken.*

DURCHLÄSSIGE BELÄGE

Von befestigten Flächen aus können wir unsere mit viel Herz angelegten Pflanzungen erst so richtig genießen. Trotzdem sollte man Flächen nur befestigen, wenn es einen guten Grund dafür gibt – und durchlässige Beläge verwenden.

Befestigte Flächen brauchen wenig Pflege – anders als beispielsweise Rasen. Auf ihnen kann man sein Auto abstellen, durch die Blumenbeete spazieren und sich einen Stuhl hinstellen, um den Garten in seiner ganzen Schönheit zu genießen. Übertreibt man es aber mit dem Versiegeln von Flächen, können sie teuer werden – für Sie und die Umwelt.

WENIGER WASSERABLAUF

Stein-, Beton- und Teerflächen lassen bis zu 50 Prozent weniger Regenwasser durch als die meisten anderen Bodentypen. Bei Starkregen kommt da ziemlich viel zusammen, was direkt aus dem Garten in öffentliche Abflüsse und die Kanalisation läuft, die dadurch überlastet wird und das Wasser zurück in Keller und Gärten drückt.

Die Zahl der Überschwemmungen steigt seit 1980 kontinuierlich, da der Boden, der das Wasser eigentlich aufnehmen soll, durch die stark wachsenden Städte zunehmend versiegelt wird. Wenn Hochwasser den Oberboden wegwäscht, wird der darin gespeicherte Kohlenstoff freigesetzt. Außerdem geben ertrinkende Pflanzen Methan frei, ein 30-mal schlimmeres Treibhausgas als Kohlendioxid.

Wählen Sie Ihre Beläge daher sorgfältig aus und verwenden Sie nach Möglichkeit regionale und gebrauchte Materialien. Muss tatsächlich ein größerer Bereich befestigt werden, etwa für eine Terrasse oder einen Stellplatz, arbeiten Sie mit durchlässigen Belägen. Lässt man den Boden atmen, kann Regenwasser genauso versickern wie auf einer bepflanzten Fläche.

DURCHLÄSSIGE BELÄGE

- **Durchlässige Pflasterung:** Hierbei handelt es sich um herkömmliche Pflastersteine, die allerdings so verlegt werden, dass die Ritzen durchlässig bleiben. Das Wasser durchdringt das Kies- oder Sandfundament und versickert im Erdreich. Steine aus recyceltem Beton verbessern die Klimabilanz ebenso wie gebrauchte Klinker.
- **Rasengittersteine:** Diese Gittersteine aus Kunststoff oder Beton sind so stabil, dass sie das Gewicht eines Autos tragen. Man verlegt sie auf einem Stein- oder Schotterfundament und füllt die Zwischenräume mit Kies oder Gras. Beachten sollte man dabei, dass Gras zwar Kohlenstoff bindet, die Bilanz aber durch Mähen getrübt wird.

OBERFLÄCHENABFLUSS REDUZIEREN

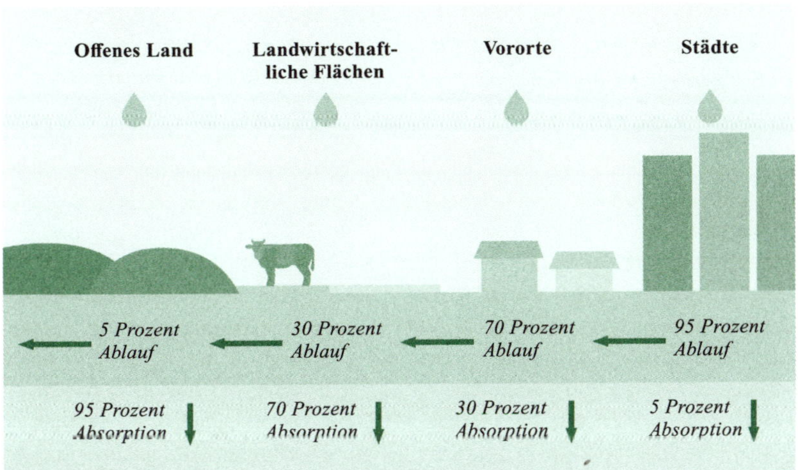

Pflanzen tragen dazu bei, dass der Untergrund Regenwasser absorbiert, und senken somit die Überschwemmungsgefahr.

- **Sandgefüllte Fugen:** Recycelte Platten haben eine gute Klimabilanz, werden aber meist mit wasserdichtem Mörtel auf Zementbasis verfugt. Wenn Sie trockenen Sand als Fugenmaterial verwenden, kann Wasser versickern. Kaufen Sie speziellen Fugensand und kehren Sie ihn nur bei komplett trockener Pflasterfläche in die Fugen ein.
- **Kies:** Erkunden Sie sich, woher der Kies stammt. Wird er von weither transportiert oder sogar im Meer abgebaut, hat er eine verheerende Umweltbilanz. Recycelter Keramikkies als Belag für Einfahrten wird aus gequetschten alten Spülbecken und Badewannen gewonnen. Feinkies verteilt sich zu leicht und lässt sich nur schwer mit Kinderwagen oder Rollstühlen befahren.
- **Wassergebundene Decke:** Sie ist etwas teurer, aber besser als herkömmlicher Kies, denn sie enthält sandfeine Partikel, die bei Nässe ein festes Fundament mit etwas losem Material an der Oberfläche bilden. Das Material wird meist regional abgebaut. Es muss bis zum Verlegen trocken gelagert werden.

WEGE MIT NATÜRLICHEN BELÄGEN

Befestigte Flächen sind kein Muss. Im Gegenteil: Je weniger man hat, desto näher kommt der Garten der CO_2-Neutralität. Unbefestigte Wege machen den Fußabdruck gleich weicher – im wörtlichen wie übertragenen Sinne.

Klimafreundliche Wege kommen ohne Steine, Zement oder andere von weither transportierten Beläge aus. Alles ist erneuerbar, recycelbar, biologisch abbaubar – und angenehm preiswert. Allerdings ist der Pflegeaufwand bei organischen Belägen höher. Das kann, wenn man nicht aufpasst, die perfekte CO_2-Bilanz etwas trüben.

DIE **ZEMENTINDUSTRIE** VERURSACHT **8 PROZENT** DES **WELTWEITEN** AUSSTOSSES VON **KOHLENDIOXID.**

ORGANISCHE BELÄGE

Besorgen Sie sich klimafreundliche Beläge aus regionalen Quellen. Arbeiten Sie bei der Instandhaltung möglichst unmotorisiert (bei Graswegen zum Beispiel mit einem Handrasenmäher) und jäten Sie von Hand.

- **Graswege:** Sie sind am einfachsten anzulegen. Ihre Ränder werden mit einem Rasenkantenstecher gezogen. Die CO_2-Bilanz kann jedoch durchwachsen ausfallen, da man sie alle paar Wochen mähen muss. Außerdem können sie Schnecken beherbergen und schlammig werden.
- **Gestampfte Erde:** Entfernen Sie den Bewuchs und stampfen Sie den Boden mit einem Handstampfer. Bei intensiver Nutzung haben Unkräuter kaum eine Chance. Nässe macht die Wege jedoch zu matschigen Pisten.
- **Mulch:** Verlegen Sie Karton, bedecken Sie ihn mit Mulch und treten Sie ihn fest. Als Belag eignen sich Rasenschnitt, Heu, Sägespäne und sogar gehäckselter Schnittabfall. Der Belag muss gelegentlich nachgefüllt werden, damit sich kein Unkraut festsetzt.
- **Hackschnitzel:** Vielleicht kann Ihnen ein Forstbetrieb vor Ort eine Ladung Hackschnitzel überlassen. Es ist, auf Karton gestreut, ein ausgezeichneter Belag, muss allerdings jährlich nachgefüllt werden.
- **Baumscheiben:** Sie eignen sich als Trittsteine oder Mosaikpflaster, dürfen aber nicht mit Chemikalien behandelt sein. Ideal sind 5–8 cm dicke, mit einem Holzschutzmittel auf Wasserbasis imprägnierte Scheiben. Man verlegt sie auf Kies oder Schotter und begrünt die Zwischenräume mit niedrigen Kräutern.
- **Bretter:** Aus Paletten lassen sich Holzstege zimmern. Man nagelt die Bretter auf Balken oder legt sie direkt auf den Boden.

»Klimafreundliche Wege kommen ohne CO_2-belastete Beläge aus. Alles ist erneuerbar, recycelbar, biologisch abbaubar.«

GEWÄCHSHAUS-KULTUR

Gewächshäuser stehen in vielen Gärten, aber die wahren Kosten dieser Schutzzonen für Pflanzen sind enorm. Mit etwas Einfallsreichtum können sich sogar klimabewusste Hobbygärtner ein Gewächshaus gönnen, ohne gleich ihre CO_2-Bilanz zu ruinieren.

DER TREIBHAUS-EFFEKT

Ein Gewächshaus ist jedes Gartenbesitzers Traum. Es bringt etwas zusätzliche Wärme für den Anbau von Tomaten, rettet Pelargonien über den Winter, ermöglicht frühe Aussaaten – und dient als Rückzugsort, in den man sich vor Regen flüchten kann, um selbst bei schlechtem Wetter zu gärtnern.

Leider sind Gewächshäuser kohlenstoffgierig. Alles, was in ihnen wächst, verbraucht Dünger, Wasser und in beheizten Modellen auch Wärme.

Die höchsten Emissionen gehen vom Haus selbst aus, denn die Verarbeitung von 1 kg neuem Aluminium setzt durchschnittlich 11,5 kg Kohlenstoffemissionen frei. Wird recyceltes Aluminium verwendet, sind es nur noch 1 kg Kohlenstoff auf 1 kg Alu-Rahmen. Holzrahmen sind teurer, speichern aber aktiv Kohlenstoff, sodass man sich bei ihnen lediglich über das Glas Gedanken machen muss, das allerdings mit immerhin 8,4 kg Kohlendioxid pro 1 kg Glas zu Buche schlägt – bei recyceltem Glas sind es nur 1,2 kg.

BEI DER VERARBEITUNG VON 1 KG NEUEM **ALUMINIUM** FÜR DIE HERSTELLUNG DES **RAHMENS** WERDEN DURCHSCHNITTLICH **11,5 KG KOHLENSTOFF** FREIGESETZT.

ERSTE WAHL: SECONDHAND

Man kann allerdings die gesamte Belastung für das Klima vermeiden und trotzdem ein Gewächshaus haben, wenn man es sich gebraucht besorgt, etwa bei Online-Versteigerungen, auf der Verschenk-Plattform Freecycle oder über Kleinanzeigen.

KÜHLWIRKUNG

Sobald man sein Secondhand-Haus aufgestellt hat, kann man seine Klimabilanz verbessern, indem man Nutzpflanzen darin anbaut, vor allem außerhalb der Saison. Blattsalate wachsen den Winter hindurch ohne Heizung, Dünger und mit nur wenig Wasser. Damit werden sie wesentlich klimafreundlicher angebaut als Salate aus Supermärkten, die mit hohen Emissionen, von chemischen Pestizi-

»Ein Gewächshaus frostfrei zu halten frisst so viel Energie, dass man die an anderer Stelle im Garten erreichte positive Klimabilanz schnell zunichtemacht.«

den und Düngern über den Transport und die Kühlung bis hin zur Plastikverpackung, produziert werden.

EMISSIONSARMES HEIZEN

Wer ein Gewächshaus beheizt, beherbergt darin vermutlich Pflanzen, die keinen Frost vertragen, etwa Zitruspflanzen, Pelargonien oder Chilis. Es frostfrei zu halten, frisst aber so viel Energie, dass man die andernorts im Garten erreichte positive Klimabilanz schnell zunichtemacht. Überlegen Sie sich deshalb gut, ob ein Beheizen wirklich nötig ist – und wenn, dann tun Sie es wenigstens so nachhaltig wie möglich. Hier einige Vorschläge:

- **Gar nicht heizen:** Nässe macht mehr Pflanzen den Garaus als Kälte. Wässern Sie nicht winterharte Gewächse zurückhaltend, dann vertragen sie oft ein paar Minusgrade. Ansonsten kann man sie mit einem vorübergehenden Kälteschutz in Form von Zeitungspapier oder Sackleinen über die Nacht retten.
- **Selektiv heizen:** Statt das ganze Gewächshaus zu heizen, wärmen Sie mit einem beheizten Anzuchtkasten oder einer Heizmatte nur die Pflanzen, die es brauchen, etwa früh angesäte Tomaten oder Chilis.
- **Mit erneuerbarer Energie heizen:** Elektroheizgeräte sind besser als Gas- oder Kerosinöfen, solange der Strom aus erneuerbaren Quellen stammt. Sie können aber auch selbst Strom erzeugen: Eine Solarheizung, wie sie bei Wohnmobilen zum Einsatz kommt, reicht aus, um ein Glashaus nachts zu temperieren. Photovoltaik-Module für Glashäuser könnten bald Standard werden.
- **Effizient heizen:** Regulieren Sie Ihre Gewächshausheizung mit einem Thermostat, das die Heizung nur einschaltet, wenn die Temperatur unter 7 °C fällt.
- **Isolieren:** Luftpolsterfolie ist nicht ratsam, Karton isoliert jedoch genauso gut. Kleiden Sie die Wände – und wenn es richtig kalt wird, auch das Dach – damit aus, indem Sie den Karton hinter Netze stecken, die vor das Glas gespannt sind. Tagsüber wird er entfernt.

DIE NATÜRLICHE GEWÄCHSHAUSHEIZUNG

Wer sich schon einmal im Sommer auf einen Stein gesetzt und sich dabei die Oberschenkelrückseite verbrannt hat, weiß, was passive Sonnenenergie bewirken kann. Mit ihr können wir unsere Gebäude heizen.

Manche Materialien können Sonnenenergie außerordentlich gut absorbieren und halten. Am besten ist Wasser – es speichert zweimal so viel wie Steine, Ziegel und Beton. Auch Schwarzgestrichenes hält Wärme gut. Nach Sonnenuntergang geben diese Materialien die Wärme wieder ab.

DURCH **PASSIVE SONNENENERGIE-NUTZUNG** LASSEN SICH BIS ZU **75 PROZENT** DES **SONNENLICHTS,** DAS GLAS DURCHDRINGT, ALS **WÄRME** SPEICHERN.

NATÜRLICHE WÄRME SPEICHERN

Nachhaltige Architektur nutzt zunehmend passive Solarenergie zum Heizen. So lassen sich bis zu 75 Prozent des Sonnenlichts, das Glas durchdringt, als Wärme speichern. In Gewächshäusern kann passive Sonnenenergie Pflanzen frostfrei halten. Statten Sie Ihres mit Solarenergiesammlern aus – und Sie kommen fast vollständig ohne andere Heizung aus.

GEWÄCHSHAUSTYPEN, DIE WÄRME HALTEN

Anlehngewächshäuser werden an Hausmauern angebaut und sind im Prinzip große Sonnenwärmefallen. Platzieren Sie sie an einem sonnigen Platz, an dem die Mauer möglichst viele Stunden am Tag Wärme sammelt, um sie nach Sonnenuntergang langsam wieder abzugeben. Erdgewächshäuser werden 1,5–2 m tief im Boden versenkt und mit wärmespeichernden Betonblöcken, Mauerziegeln oder Steinen ausgekleidet.

GLASHÄUSER AUFRÜSTEN

Sie brauchen kein komplett neues Gewächshaus, um Sonnenenergie passiv zu nutzen, sondern können ein bestehendes aufrüsten. Dafür brauchen Sie nur ein paar Dinge aus dem Haushalt – und etwas Erfindungsreichtum.

- **Plastikflaschen:** Lackieren Sie Plastikflaschen als Minisolarspeicher schwarz und füllen Sie sie mit Wasser oder verteilen Sie Wasserkrüge im Gewächshaus.
- **Fasswände:** Stapeln Sie schwarze Fässer als Wärmespeicher an einer Gewächshauswand. Pro 30 cm^2 Glas brauchen Sie 20 Liter Wasser.
- **Teich:** Wer im Gewächshaus Platz hat, versenkt ein halbes Fass im Boden als Teich. Dieser dient im Winter als Wärmefalle und im Sommer als Luftbefeuchter.

GEWÄCHSHAUSHEIZUNG – SELBST GEMACHT

Das Problem bei der Einrichtung zeitweiliger passiver Sonnenenergiespeicher: Sie nehmen viel Platz weg. Wenn man sie aber im Boden versenkt und eine Pumpe installiert, die das Wasser durch das Gewächshaus pumpt, ist der Platzbedarf denkbar gering.

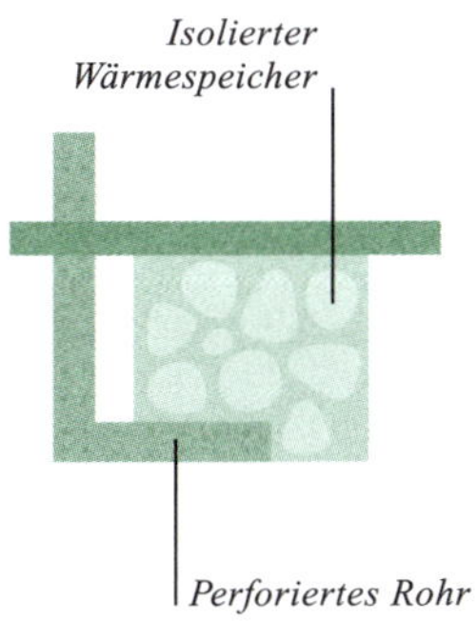

1 *Im Gewächshaus ein 1 m breites und tiefes Loch graben und mit alten Pflastersteinen oder Ziegeln auskleiden. Ein Stück perforiertes Rohr (mit kleinen Löchern, die warme Luft durchlassen) in die Mitte legen und in Steine, Ziegel sowie kleine wassergefüllte, recycelte Plastikflaschen packen.*

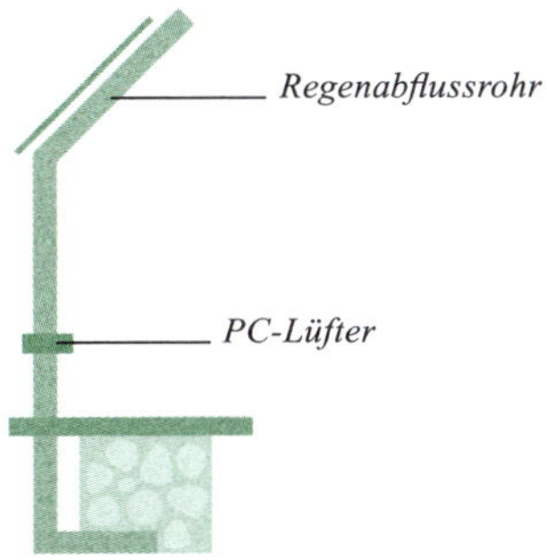

2 *Einen gebrauchten PC-Lüfter im Rohr befestigen. Darauf ein Stück Regenabflussrohr stecken, das in das Gewächshaus führt. Der Lüfter saugt tagsüber warme Luft aus dem Gewächshaus in den unterirdischen Wärmespeicher und erwärmt ihn.*

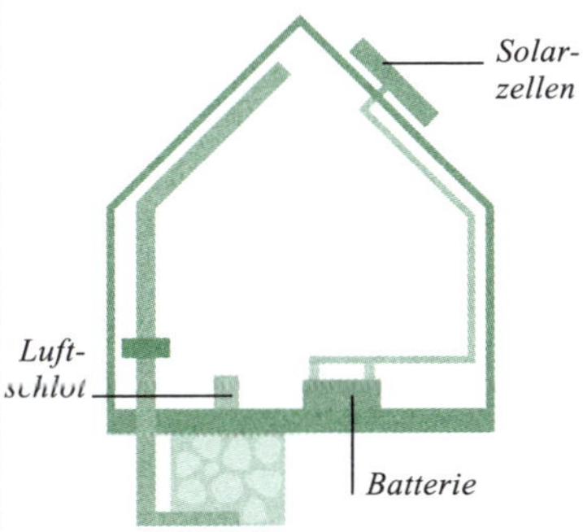

3 *Ein Rohrstück in den Wärmespeicher stecken – als Luftschlot, aus dem die im Speicher erwärmte Luft nachts nach oben steigen und das Gewächshaus frostfrei halten kann. Den PC-Lüfter mit einer wiederaufladbaren 12-Volt-Batterie betreiben, die über eine 10-Watt-Solaranlage aufgeladen wird.*

GEWÄCHSHAUSKULTUR OHNE GEWÄCHSHAUS

Man kann die CO_2-Bilanz seines Gewächshauses entscheidend verbessern, wenn man auf umweltfreundlichere Heizmethoden umsteigt (siehe S. 64–67), aber ganz in die Klimaneutralität schafft man es damit nicht. Ein Gewächshaus ist nun einmal eine künstliche, stark CO_2-belastete Umgebung.

Deshalb kommt man, so sehr man sich ein Gewächshaus wünscht, nicht um die entscheidende Frage herum: Brauche ich wirklich eins? Wenn man nicht gerade ein Orchideenzüchter ist, muss die ehrliche Antwort wohl lauten: Nein. Es gibt fast nichts, das man mit einem Gewächshaus schafft, was man ohne nicht fast genauso gut schafft – und auch noch viel klimafreundlicher.

DER NUTZPFLANZENANBAU VERURSACHT **25 PROZENT** DER WELTWEITEN EMISSIONEN VON **TREIBHAUSGASEN.**

ES GEHT AUCH OHNE

Es gibt einige Möglichkeiten, Pflanzen ohne Gewächshaus vor den Unbilden der Witterung zu schützen. Das spart Platz im Garten und verbessert die Klimabilanz.

- **Nicht winterharte Pflanzen:** Stellen Sie empfindliche Gewächse in ein kleines, geschlossenes, mit Karton isoliertes Frühbeet. Wässern Sie sie nur, wenn sie fast knochentrocken sind, und legen Sie in frostigen Nächten einen alten Teppich über das Frühbeet.
- **Aussaaten:** Verwenden Sie einen beheizten Anzuchtkasten mit LED-Pflanzenlampen. Darin kann man unterschiedlichstes Saatgut zum Keimen bringen, angefangen von Tomaten im Februar bis zu Stangenbohnen im April (siehe S. 136–137).
- **Tomaten:** Es gibt inzwischen mehrere Sorten mit guter Widerstandsfähigkeit gegen die Kraut- und Braunfäule, eine Pilzkrankheit, die Tomaten braun werden und absterben lässt. Diese Züchtungen gedeihen gut im Freiland, vor allem jetzt, da die Sommer immer länger und heißer werden. Empfehlenswert: 'Mountain Magic', 'Crimson Crush' und 'Oh Happy Days'.
- **Melonen:** Auch Melonen lassen sich draußen zur Reife bringen. Eine früh reifende Sorte ist 'Emir'. Arbeiten Sie mit Abdeckungen.
- **Wintersalate:** Winterkopfsalate und anderes winterhartes Blattgemüse wie Mizuna kann man unter Folienabdeckungen durch die kalte Jahreszeit bringen. Einige Einjährige Kräuter wie krause Petersilie und Kerbel halten ebenfalls den Winter unter Vlies draußen durch.

»Es gibt fast nichts, das man mit einem Gewächshaus schafft, was man ohne nicht fast genauso gut schafft.«

GEMÜSE ANBAUEN

Der Anbau, die Verarbeitung und der Transport von Nutzpflanzen verursachen ein Viertel der weltweiten Emissionen von Treibhausgasen. Wer den Klimawandel bekämpfen will, sollte daher selbst etwas Gemüse kultivieren.

GEMÜSE, DAS NICHT DIE WELT KOSTET

Mehr als ein Viertel der globalen Emissionen von Treibhausgasen fällt bei der Nahrungsmittelproduktion an. Selbstgezogenes hat eine wesentlich bessere Klimabilanz als Produkte aus der konventionellen Landwirtschaft. Deshalb: Machen Sie sich ans Werk!

Fleisch, Milchprodukte, Eier und Meerestiere zeichnen bei der Nahrungsmittelproduktion für fast ein Drittel der Emissionen von Treibhausgasen verantwortlich. Aber auch Getreide und Gemüse für den menschlichen Verzehr schlagen noch mit über einem Fünftel, nämlich 21 Prozent, zu Buche. Was Sie hingegen zu Hause anbauen, muss weder transportiert noch verpackt werden und verbraucht daher wenig CO_2.

DURCH **PFLÜGEN** WERDEN PRO HEKTAR **3 TONNEN KOHLENSTOFF** FREIGESETZT – DAS SIND BIS ZU **20 PROZENT** DES KOHLENSTOFFS IN UNSERER **ATMOSPHÄRE.**

Bei der Umweltbilanz spielt aber auch eine wichtige Rolle, wie Sie Ihr Gemüse anbauen. Im eigenen Küchengarten werden oft Methoden aus der konventionellen Landwirtschaft wie Kunstdünger-, Pestizid- und Herbizideinsatz sowie Pflügen übernommen – Letzteres ist unter Hobbygärtnern besser als Umgraben bekannt. All das verursacht enorme Kohlenstoffemissionen.

Dabei müssen Sie in Ihrem Garten gar keine Nahrungsmittel in industriellem Maßstab produzieren, sondern können es ganz anders angehen. Gärtnern Sie lieber mit leichter Hand und im Einklang mit der Natur.

SPATEN WEG

Wer den Spaten in die Ecke stellt, verbessert die Klimabilanz seines Gemüses entscheidend. Denn Umarbeiten entwertet den Boden und lässt den darin enthaltenen Kohlenstoff oxidieren, sodass ein Großteil als CO_2 in die Atmosphäre gelangt. Verteilen Sie lieber Mulch auf der Erde; so bleibt die Bodenstruktur intakt und es entsteht mit der Zeit eine kohlenstoffreiche Schicht aus organischer Substanz.

Dadurch können die Pflanzen ihre Wurzeln in ein intaktes unterirdisches Ökosystem mit vielfältig verflochtenen Beziehungen schicken. Daran sind winzige Bakterien, die Stickstoff aus der Luft sammeln, ebenso beteiligt wie Mykorrhiza-Pilze, die Wurzeln Nährstoffe zur Verfügung stellen.

Für Hobbygärtner trägt der Verzicht auf das Umgraben reiche Ernte: Wie Langzeitversuche zeigen, dürfen sie auf 7,5 m² mit einem zusätzlichen Ertrag von jährlich 10 kg rechnen.

SO LEGEN SIE EIN GEMÜSE-BEET OHNE UMGRABEN AN

1 *Auf dem Areal, auf dem das Beet angelegt werden soll, Rasen und Unkräuter kurz mähen, aber nicht ausgraben, auch die mehrjährigen nicht (siehe S. 98), denn sie würden nur wieder aus den Wurzeln austreiben.*

2 *Die spätere Beetfläche mit dickem Karton auslegen. Während er verrottet, lässt er Gemüse von oben hindurchwachsen, erstickt aber einjährige und schwächt mehrjährige Unkräuter.*

3 *Das Beet einfassen, entweder mit vorübergehenden Rändern, die den Mulch halten, während das Beet einwächst, oder mit dauerhaften Hochbeetkanten aus Brettern, die an Pflöcke in den Ecken genagelt werden.*

4 *Das Beet 10–15 cm dick mit organischer Substanz mulchen. Geeignet ist Gartenkompost, kompostierte Rinde oder Kompost aus Verwertungsanlagen, nicht jedoch Stall- bzw. Festmist, denn er kann mit dem Herbizid Aminopyralid kontaminiert sein*

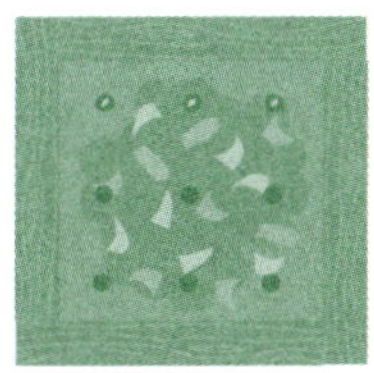

5 *Den Mulch festtreten. Entweder Gemüsesetzlinge direkt in Einzellöcher pflanzen oder Saatgut in flache Rillen säen. Normalerweise muss danach kaum mehr gejätet werden, denn die Unkrautsamen sind dick mit Mulch bedeckt. Ab jetzt nur noch einmal jährlich im Herbst eine 2–5 cm dicke Mulchschicht nachfüllen.*

MEHRJÄHRIGES GEMÜSE

Gemüsegärtner nehmen unter Hobbygärtnern eine Sonderstellung ein, denn sie säen fast alles jedes Jahr neu aus. Dabei gibt es auch mehrjähriges Gemüse. Es lässt sich sogar mit wesentlich weniger Aufwand ziehen als herkömmliche einjährige Arten.

Gemüse jedes Jahr frisch anzusäen ist ein gigantischer Aufwand: Stellen Sie sich vor, Sie müssten einen nur aus Einjährigen bestehenden Ziergarten jede Saison neu anlegen. Nichtsdestotrotz haben wir uns an einen Speiseplan fast ausschließlich aus einjährigem Gemüse gewöhnt, angefangen von Erbsen und Kartoffeln bis hin zu Rosenkohl und Spinat: Sie wachsen schnell, liefern einmalig Ertrag und sterben dann.

Einjähriges Gemüse ist am wenigsten klimafreundlich. Es verlangt ein ständiges Aufbrechen des Bodens beim Ansäen, Pflanzen und Wegräumen, was gebundenen Kohlenstoff freisetzt. Und je schneller es wächst, desto höher sind die Kohlenstoffemissionen durch den Dünger- und Wasserverbrauch. Beim Ernten von Kopfsalat etwa entfernt man seine gesamte Biomasse und laugt so den Boden aus.

Besser sind Brokkoli, Erbsen und Zucchini, denn ihre Triebe und Blätter werden dem Boden als Kompost wieder zugeführt. Nutzgräser wie Quinoa und Mais haben Faserwurzeln, die reichlich Kohlenstoff binden – lässt man sie nach der Ernte im Erdreich, tut man dem Boden Gutes.

Mehrjähriges Gemüse und Obst, etwa Schwarze Johannisbeeren und Äpfel, aber auch Mittelmeerkräuter wie Rosmarin absorbieren und binden jedes Jahr mehr Kohlenstoff, ohne dass sie neu gepflanzt werden müssen, weshalb der Boden intakt bleiben kann.

WALDGÄRTEN

Waldgärten, eine Form der Permakultur, brauchen ähnlich viel Pflege wie Ziergärten. In ihnen werden Obstbäume, Sträucher (etwa Stachelbeeren oder Schwarze Johannisbeeren) und schattentolerantes Blattgemüse kombiniert.

Reservieren Sie einen sonnigen Fleck für mehrjähriges Gemüse. Vieles ist bekannt, wie Spargel oder Artischocken, anderes weniger gängig. Probieren Sie zunächst einige Arten aus, um zu sehen, was Ihnen schmeckt. Sie können sogar ein paar Einjährige wie Kürbisse als Lückenfüller nutzen – so wie im Ziergarten auch.

»Mehrjähriges Obst und Gemüse bindet jedes Jahr mehr Kohlenstoff, ohne dass es neu gepflanzt werden muss.«

10 GEMÜSE, DIE MEHRERE JAHRE ERTRAG BRINGEN:

Jedes aufgelistete Gemüse ist in Mitteleuropa winterhart.

- **Ackerlauch** (*Allium ampeloprasum* var. *babingtonii*): Wächst selbst bis zum Boden zurückgeschnitten wieder nach und zieht im Sommer ein, um im Herbst neu auszutreiben.
- **Kaukasischer Rankspinat** (*Hablitzia tamnoides*): Schattentolerante, laubige Kletterpflanze, deren junge Blätter Spinat ähneln.

DER ANBAU VON **KLIMAFREUNDLICHEM GEMÜSE** SPART **ZEIT** UND **GELD.**

- **Erdbirne** (*Apios americana*): Eine hübsche Kletterpflanze. Sie hat kleine, mehlige Knollen mit leichtem Bohnengeschmack.
- **Scheibenschötchen** (*Peltaria alliacea*): Das niedrige, schattentolerante Blattgemüse hat einen würzig-knoblauchartigen Geschmack.
- **Knollenziest** (*Stachys affinis*): Ein wüchsiger Lippenblütler mit cremeweißen, knackigen Knollen, die leicht zitronig schmecken.
- **Brokkoli 'Nine Star Perennial'** (*Brassica oleracea* 'Nine Star'): Er bildet bis zu fünf Jahre lang weiße, blumenkohlartige Röschen, wenn man ihn am Blühen hindert.
- **Kohl** (*Brassica*-Arten): Es gibt mehrere mehrjährige Formen, etwa den Baumkohl, der über 2 m hoch werden kann, oder den kleineren Ewigen Kohl.
- **Haferwurzel** (*Tragopogon porrifolius*): Die schlanken Wurzeln haben einen delikaten Geschmack. Man lässt einen Teil im Boden, damit sie wieder austreiben.
- **Meerkohl** (*Crambe maritima*): Eine kräftige Pflanze mit blaugrünen, bereiften Blättern. Im Frühjahr vorgetriebene frische Triebe schmecken besonders gut.
- **Zuckerwurzel** (*Sium sisarum*): Ähnelt der Haferwurzel und schmeckt wie Süßkartoffel. Man kocht sie und reibt die Schale ab.

HEUTE SAMMELN, MORGEN SPAREN

Auch wenn Sie am Ende einer langen Saison alles geerntet haben, sind Sie noch nicht fertig: Lassen Sie ein paar Exemplare Samen ansetzen, die Sie sammeln, um sie im nächsten Jahr wieder auszusäen.

Samen sind die Betriebsmittel des Gemüsegärtners, der einjähriges Gemüse anbaut. Im professionellen Sektor ist ihre Gewinnung ein internationales Geschäft: Saatgut kann in einem Land gezüchtet, im nächsten getestet und im dritten produziert werden, bevor es zu Ihnen gelangt – mit der ganzen Kohlenstofflast, die es unterwegs anhäuft. Wer regional gewonnenen Samen kauft, tut daher etwas für das Klima. Noch besser ist es jedoch, Samen selbst zu sammeln – regionaler und klimafreundlicher geht es nicht. Außerdem haben die Pflanzen in Ihrem Garten schon bewiesen, dass sie vor Ort gedeihen, weshalb die Resultate mit jeder Generation besser werden und Sie sogar Ihre eigene Haussorte züchten.

BEI DER **NAHRUNGSMITTEL**PRODUKTION ENTSTEHEN **TREIBHAUSGASE** WIE METHAN UND **DISTICKSTOFFMONOXID.** SIE TRAGEN WESENTLICH ZUM **KLIMAWANDEL** BEI.

Sammeln Sie nur Samen von frei abblühenden Sorten, damit die nächste Generation wieder die gleichen Eigenschaften wie ihre Eltern hat. Als Samenspender wählen Sie die größten, kräftigsten Pflanzen und markieren sie mit einem farbigen Wollfaden.

Manche Gemüsepflanzen, etwa Erbsen, Bohnen und Tomaten, sind selbstbestäubend. Bei fremdbestäubtem Gemüse wie Kopfsalat und Kohlgewächsen lässt man jedes Jahr nur eine Sorte blühen und Samen ansetzen, um möglichst sortenechte Samen zu bekommen.

LEICHT ZU SAMMELN

- **Erbsen und Bohnen:** Sobald die Hülsen gelb werden, erntet man sie und holt die Samen heraus, lässt sie 14 Tage trocknen und lagert sie in einer Papiertüte.
- **Einjährige Kräuter:** Man stülpt einen Papiersack über die reifen Samenstände, schneidet sie ab, stellt sie auf den Kopf und schüttelt die Samen heraus. Spelzen und andere Reste werden herausgeholt, die Samen in einem Umschlag gelagert.
- **Tomaten:** Aus einer Tomate werden die Samen herausgeholt, auf einem Küchentuch getrocknet und mitsamt Tuch in eine Papiertüte gesteckt. Im nächsten Frühjahr bedeckt man das Samentuch mit feuchter Erde, damit die Samen keimen.

HANDBESTÄUBUNG

Manches Gemüse, etwa Kürbisse, lässt sich leicht fremdbestäuben. Es trägt dann kleinere, verformte Früchte mit schlechterem Geschmack. Durch Handbestäubung erreicht man Sortenechtheit.

1 *Weibliche Blütenknospe mit schwellender Frucht darunter und männliche Blüten ausfindig machen. Männliche Blüten haben einen geraden Stängel.*

2 *Eine Gelbfärbung der Knospen deutet darauf hin, dass sie sich am nächsten Tag öffnen. Weibliche Knospe mit Wolle oder einer Klammer abbinden.*

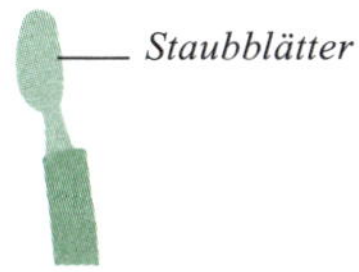

3 *Am nächsten Morgen die männlichen Blüten abzupfen und alle Blütenblätter entfernen, um die Staubblätter freizulegen.*

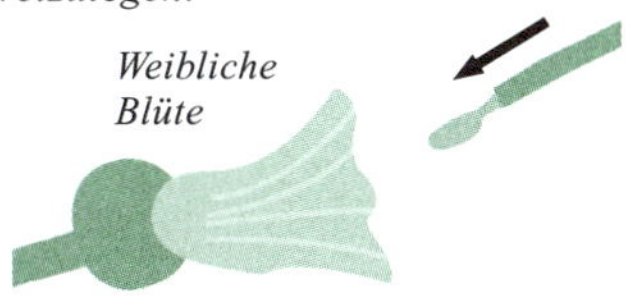

4 *Klemme von der weiblichen Blüte lösen, dann die Staubblätter in die Mitte stecken. Mit allen männlichen Blüten wiederholen, um genetische Vielfalt zu erreichen.*

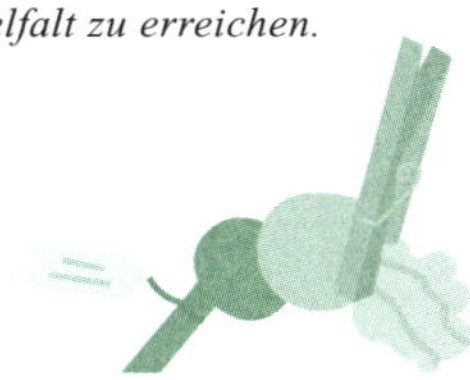

5 *Weibliche Blüte wieder abbinden bzw. abklemmen und mit beschriftetem Etikett markieren, um später Samen von der richtigen Frucht zu sammeln.*

FACHBEGRIFFE

F1-Samen: *Gezielt durch Bestäubung zweier Eltern mit guten Eigenschaften erzeugte Samen der ersten Generation. Nachkommen sind nicht sortenecht.*
Frei abblühende Sorte: *Natürlich bestäubte, über mehrere Generationen selektierte Sorte. Nachkommen sind meist identisch mit den Eltern.*
Selbstbestäubung: *Blüten ein und derselben Pflanze bestäuben sich gegenseitig. Nachkommen sind sortenecht.*
Fremdbestäubung: *Zwei unterschiedliche Pflanzen bestäuben sich gegenseitig. Gehören sie zur selben Sorte, sind die Nachkommen meist sortenecht, falls nicht, entstehen Hybriden.*

WASSERGÄRTEN

Gewässer können Kohlendioxid aus der Atmosphäre absorbieren. Deshalb sind Gartenteiche nicht nur faszinierende Lebensräume für Pflanzen und Tiere, sie dienen auch als Kohlenstoffspeicher.

TEICHLEBEN

In der Wasserwelt eines Gartenteichs kann man sich stundenlang verlieren. Wer sich ans Ufer setzt, wird Zeuge dramatischer Szenen: Man sieht Libellen auf der Jagd, Kaulquappen bei der Metamorphose oder im Zickzack über die Oberfläche eilende Wasserläufer.

Teiche sind faszinierende Gartenelemente, leisten aber auch erstaunlich gute Dienste beim »Einfangen« von Treibhausgasen. Dabei bindet jeder Bestandteil der Gewässer Kohlendioxid – Pflanzen, Wasser und Sedimente. Naturteiche können sogar 20- bis 30-mal mehr Kohlenstoff absorbieren als Wälder oder Grasland.

Leider sind die besten Kohlenstoffsenken der Welt oft zugleich die schlimmsten Methanschleudern. Im Rahmen einer schwedischen Studie wurden 40 Teiche untersucht: Nur bei 12 davon war die Bilanz positiv – 28 dagegen stießen mehr Treibhausgase aus, als sie absorbierten.

Abgegeben wird das Methan in erster Linie vom Grund, auf dem totes Pflanzenmaterial unter anaeroben Bedingungen fault. Weil Teiche flach sind, hat das Wasser nicht genug Zeit, das Methan beim Aufsteigen an die Oberfläche zu absorbieren.

Noch schlimmer ist der Ausstoß in stehenden oder austrocknenden Teichen, in denen das Sediment direkten Kontakt mit der Luft hat. Ein hoher Nährstoffgehalt und sommerliche Wärme können das Gleichgewicht so verschieben, dass das Gewässer zur Erwärmung der Erdatmosphäre beiträgt, statt ihr entgegenzuwirken.

Zur Klimabilanz von Gartenteichen gibt es noch wenig Untersuchungen. Der offensichtliche Unterschied zwischen Naturweihern und Gartenteichen besteht darin, dass Letztere unserem Einfluss unterliegen: Der Mensch kann dafür sorgen, dass sie so klimafreundlich sind, wie sie sein sollen.

DORFTEICHE UND STADTGEWÄSSER STOSSEN **MEHR METHAN** AUS **ALS GRÖSSERE SEEN** IN DERSELBEN REGION, DAS BELEGTEN KÜRZLICH DIE ERGEBNISSE ZWEIER **AUSTRALISCHER STUDIEN.**

»Die besten Kohlenstoffsenken der Welt sind oft zugleich die schlimmsten Methanschleudern.«

SO WIRD IHR TEICH KLIMAFREUNDLICHER

- **Gestalten Sie den Teich so, dass er Tiere anlockt:** Alles, was dem Teich einen Besuch abstattet, bringt Biomasse und damit Kohlenstoff in den Garten. Und auch das Beobachten von Tieren am Teich ist eine sehr CO_2-arme Aktivität.
- **Kleiden Sie den Teich mit Lehm aus:** Stampflehm ist eine wasserdichte Auskleidung und trägt dazu bei, dass der Teich mehr Kohlenstoff absorbiert, da es sich um ein natürliches Material handelt.

LASSEN SIE DAS **SEDIMENT** AM **GRUND** IN RUHE, **DAMIT** KEIN **METHAN** AUSTRITT.

- **Begrünen Sie den Teich:** Zwei Drittel der Oberfläche sollten bewachsen sein, Ufergewächse wie Sumpfdotterblumen und Wasserpflanzen wie Seerosen eingeschlossen.
- **Fischen Sie welkes Laub heraus:** Welke Blüten und abgefallenes Laub sollten entfernt werden, bevor sie sich im Wasser zersetzen.
- **Spannen Sie im Herbst ein Netz über den Teich:** Abgefallenes Laub sorgt für Schlammbildung. Legen Sie den Teich nicht unter Bäumen an und verhindern Sie mit Netzen, dass Blätter ins Wasser fallen.
- **Verwenden Sie in Teichnähe keinen Dünger:** Stickstoffreiche Präparate gelangen ins Wasser und erhöhen den Nährstoffgehalt, sodass der Teich kippen kann.
- **Füllen Sie Wasser nach:** Wenn Teiche austrocknen und Schlamm Luftkontakt bekommt, gelangt Methan direkt in die Atmosphäre.
- **Füllen Sie Teiche mit Regenwasser auf:** Leitungswasser kann Stoffe enthalten, die für Dysbalance sorgen.
- **Lassen Sie das Sediment in Ruhe:** Jede Handvoll, die Sie an die Oberfläche bringen, setzt Methan frei. Reinigen Sie den Teich nicht. Wenn Sie regelmäßig Pflanzenreste herausfischen, ist das auch nicht nötig.

EINEN NATURTEICH ANLEGEN

In Deutschland ist die Zahl der Kleingewässer in den letzten 50 Jahren stark zurückgegangen – in manchen Regionen um über 80 Prozent. Deshalb sind Gartenteiche heute für viele Süßwasserarten zu überlebenswichtigen Biotopen geworden.

Teiche bieten Kröten, Fröschen, Wasserkäfern, Eintagsfliegen, Libellen und Molchen Lebensraum. Für durstige Besucher wie Vögel, Bienen und Fledermäuse sind sie willkommene »Zapfstellen«. Nebenbei dezimieren sie bei einem Zwischenstopp Schädlinge, sodass Ihre Pflanzen auch ohne Pestizide gesund bleiben. Zudem steuert jeder Besucher Biomasse zur Kohlenstoffsenke Garten bei.

JEDES **LEBEWESEN**, DAS IHREN **TEICH** BESUCHT, BRINGT **BIOMASSE** IN DEN **GARTEN.**

Zu den schönsten Erlebnissen nach dem Anlegen eines Teichs gehört es, zuzusehen, wie schnell sich Tiere einfinden: Kaum ist er mit Wasser gefüllt, trudeln bereits die ersten ein. Selbst Miniteiche, gerade so groß wie Schüsseln, locken schon Getier an, und je größer das Gewässer ist, desto mehr Arten machen ihm ihre Aufwartung.

Ideal ist ein mindestens 1 × 2 m großes Gewässer an einem sonnigen Platz mit etwas Schatten am Nachmittag. Bäume sollten nicht zu nah stehen, da sonst viel Laub ins Wasser fällt.

Seichte Gewässer erwärmen sich rascher und sind als Eiablageplätze beliebt. Tiefere Teiche sind kühler und bieten oft Schutz vor Fressfeinden. Bestücken Sie Ihren Teich mit 6–9 Gewächsen pro m² – oder einer einzigen großen Pflanze, etwa einer Seerose. Jeder Teichbewohner hat andere Vorlieben, bringen Sie daher möglichst viele verschiedene Arten unter.

TEICHPFLANZEN

- **Unterwasserpflanzen** wie das Raue Hornblatt (*Ceratophyllum demersum*) und der Teich-Wasserstern (*Callitriche stagnalis*) reichern das Wasser mit Sauerstoff an und nehmen Nährstoffe auf.
- **Schwimmpflanzen** bieten Schutz und halten das Wasser kühl. Ratsam sind: Weiße Seerose (*Nymphaea alba*), Froschbiss (*Hydrocharis morsus-ranae*), Wasser-Hahnenfuß (*Ranunculus aquatilis*).
- **Sumpfpflanzen** wurzeln im seichten Wasser oder in der Ufererde, ihr Laub befindet sich aber über dem Wasser. Gut: Zwerg-Rohrkolben (*Typha minima*), Ufer-Segge (*Carex riparia*), Sumpf-Schwertlilie (*Iris pseudacorus*).

LEBENSRÄUME FÜR TIERE IM TEICH ANLEGEN

Legen Sie beim Ausheben der Teichgrube sanfte Konturen mit unterschiedlicher Wassertiefe an. Gar nicht gut sind vertikale Wände. Der Teich sollte eine Maximaltiefe von mind. 60–90 cm haben, damit Wassertiere sicher darin überwintern können.

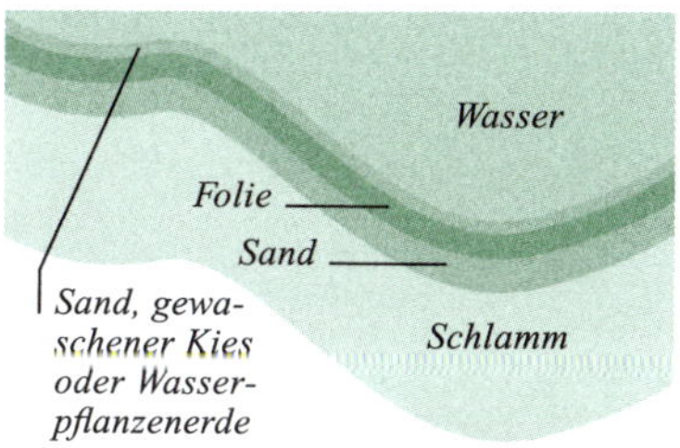

1 *Den Boden der Grube mit einer dicken Lage Sand bedecken, um die Folie zu schützen. Die Folie darauf ausbreiten. Auf der Folie Sand, gewaschenen Kies oder Wasserpflanzenerde als Lebensraum für Tiere verteilen.*

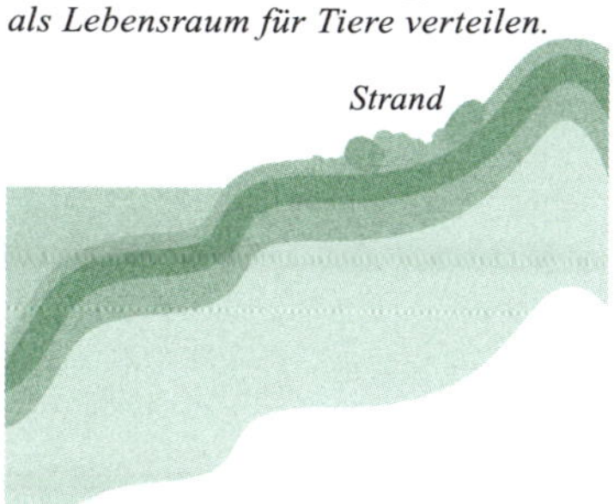

2 *An einem Ende des Teichs einen Strand und Flachwasserbereich aus Spielsand, gewaschenem Kies und Kieseln anlegen, damit Tiere Platz für die Eiablage haben und größere Lebewesen gefahrlos ins Wasser gelangen.*

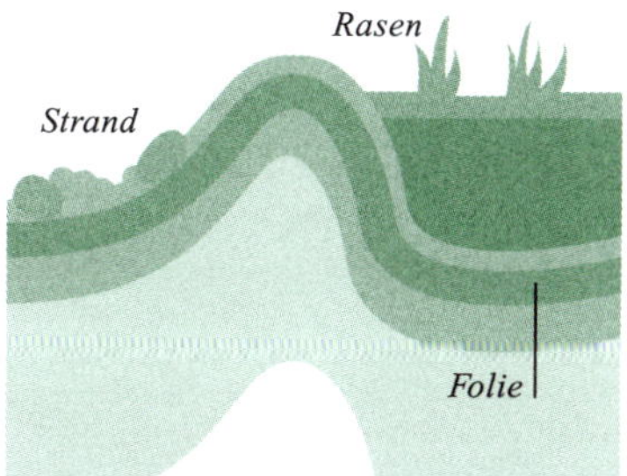

3 *Die Ränder der Folie unter Steinen oder Rasensoden verstecken, damit der Teichrand nahtlos und natürlich mit dem Garten verschmilzt.*

4 *Am Rand einen Sumpfgarten mit Uferpflanzen wie Sumpf-Dotterblume* (Caltha palustris) *und Blut-Weiderich* (Lythrum salicaria) *anlegen. Er dient als grüner Korridor zwischen Teich und Garten.*

EINE SICKERMULDE ANLEGEN

Sickermulden sind Vertiefungen im Boden, die überschüssiges Regenwasser aufnehmen und nach dem Abklingen von Starkregen langsam wieder abgeben. Dieses Versickern (anstelle eines Ablaufens an der Oberfläche) senkt das Überschwemmungsrisiko.

Eine Sickermulde schützt nicht nur Ihr Haus vor Wasserschäden, sie ist als Kohlenstoffspeicher auch so gut wie ein Teich – oft sogar besser, da sie meist dichter mit biomassereichen Gewächsen wie Ziergräsern bepflanzt werden kann. Deren Wurzeln speichern unterirdisch viel Kohlenstoff.

Wasser und Erdreich trennt keine Teichfolie, sodass der kohlenstoffhaltige Humus direkt im Untergrund umgesetzt werden kann. Einer Untersuchung zufolge binden Sickermulden mehr Kohlenstoff als andere Regenwasser-Auffangsysteme.

Sickermulden locken viele Tiere an, denn sie sind jahreszeitlich bedingt, trocknen also im Sommer öfter aus und füllen sich im Winter neu. So entsteht ein wechselhaftes Habitat mit Schlammkuhlen, in die Libellen Eier legen, und warmen Seichtwasserstellen, die Frösche zum Laichen nutzen.

Um eine Sickermulde anzulegen, brauchen Sie lediglich einen Spaten, Kies, ein Regenabflussrohr und natürlich jede Menge Pflanzen.

REGENSAMMLER

Eine einfache Sickermulde absorbiert 30 Prozent mehr Niederschlagswasser als Rasen.

Eine Sickermulde *braucht Pflanzen, die mit nassen Füßen ebenso zurechtkommen wie mit Trockenheit.*

Eine kiesgefüllte Rinne leitet das vom Dach abfließende Wasser in die Sickermulde.
Am Ende des Regenrohres lässt ein Rohrkrümmer das Wasser direkt in die Rinne laufen.
Das Regenwasser versickert nach und nach im Untergrund.
In schweren, undurchlässigen Tonböden ist eine Drainageschicht oder ein Ableitungsrohr zu einem Teich sinnvoll.

WÄSSERN

Jedes Mal, wenn Sie den Wasserhahn aufdrehen, um Ihren Garten mit Leitungswasser zu gießen, verschlechtern Sie Ihre Klimabilanz. Gehen Sie daher bewusst mit Wasser um und nutzen Sie nach Möglichkeit das, was vom Himmel fällt – es ist kostenlos und außerdem besser für Ihre Pflanzen und die Umwelt.

GÄRTEN, DIE (FAST) KEIN WASSER BRAUCHEN

Wässern gehört neben Jäten, Umgraben und Mähen zu den traditionellen Gartenarbeiten, von denen man glaubt, dass sie unbedingt notwendig seien. Vielleicht aber wird es jetzt Zeit, umzudenken und alte Gewohnheiten zu hinterfragen.

Bei dem Wasser, mit dem wir unseren Garten vor allem im Sommer gießen, handelt es sich oft um Leitungswasser. Es wird häufig aus Feuchtgebieten gewonnen. Diese gehören zu unseren wirkungsvollsten Kohlenstoffsenken, doch wenn sie übermäßig beansprucht werden und der Grundwasserspiegel sinkt, schädigen sie das Klima sogar, da ihre Sedimente Luftkontakt bekommen und dadurch Methan frei wird.

Jeder Liter Wasser, den wir verbrauchen, verschlechtert unsere CO_2-Bilanz. Regenwasser ist zwar besser als Leitungswasser, aber wegen seiner Lagerung in Wasserfässern und -tanks durch deren Herstellung, Transport und Installation ebenfalls belastet. Zudem werden diese Behälter oft aus Kunststoff gefertigt, der auch eine negative Schadstoffbilanz hat. Ein wirklich klimafreundlicher Garten aber braucht nicht viel Wasser.

SO KOMMEN SIE OHNE LEITUNGSWASSER AUS

- **Gießkanne, nicht Schlauch:** Mit Schläuchen lassen sich 1000 Liter Wasser pro Stunde ausbringen – der durchschnittliche Wasserverbrauch einer vierköpfigen Familie für zwei Tage. Mit einer Gießkanne kann man die Wurzeln gezielter wässern und das Erdreich durchnässen.
- **Mulchen:** Bedecken Sie den Boden mit einer 5 cm dicken Schicht organischer Substanz. Sie verringert die Verdunstung und erhöht die Wasserspeicherfähigkeit des Bodens.
- **Stauden, nicht Einjährige:** Einjährige müssen als Setzlinge und Jungpflanzen in ihren ersten Monaten täglich gewässert werden. Stauden

DIE **WASSERVORRÄTE** WELTWEIT NEHMEN AUFGRUND DER **AUSWIRKUNGEN** DES KLIMAWANDELS UND DER ZUNEHMENDEN **NACHFRAGE** DURCH DIE WELTBEVÖLKERUNG AB.

»Jeder Liter Wasser, den wir verbrauchen, verschlechtert unsere CO_2-Bilanz.«

brauchen nach dem Einwachsen fast gar kein Wasser mehr.

- **Trockenheitstolerantes Gemüse:** Nutzpflanzen sind durstig. Bauen Sie daher Gemüse an, das mit wenig Wasser auskommt, z. B. Artischocken, Mangold, Porree, Rote Bete und anderes Wurzelgemüse.
- **Freilandanbau:** Pflanzen können ihre Wurzeln auf der Suche nach Wasser tief in die Erde schicken. Ziehen Sie sie daher möglichst nicht im Topf oder Gewächshaus.
- **Pflanzen Sie im Herbst, nicht im Frühjahr:** Im Herbst ist der Boden warm und feucht, sodass die Pflanzen ein gutes Wurzelsystem bilden, ohne extra gewässert zu werden.
- **Die richtige Pflanze am richtigen Ort:** Setzen Sie Pflanzen an Standorte, die ihnen am besten behagen, ob sonnig oder schattig, stark durchlässig oder wasserspeichernd.

PFLANZEN OHNE DURST

Xeriscaping nennt sich eine an sehr trockene Bedingungen angepasste Gartengestaltung, also etwa die Anlage von Kiesgärten. In Hyde Hall in der englischen Grafschaft Essex, wo der durchschnittliche jährliche Niederschlag unter dem von Beirut im Libanon liegt, unterhält die RHS einen Garten, der seit seiner Gründung 2001 noch nie gewässert wurde. Hätte man eine solche Anlage in einer Gegend mit viel Regen oder nassen Böden, würde man die meisten Pflanzen im ersten nassen Winter verlieren. In einer vom Klimawandel beeinflussten Welt mit extremen winterlichen Niederschlägen braucht man Arten, die mit Trockenheit und Überflutung zugleich zurechtkommen, etwa:

- **Bäume:** Himalaja-Birke (*Betula utilis* ssp. *jacquemontii*), Immergrüne Magnolie (*Magnolia grandiflora*), Wild-Apfel (*Malus sylvestris*).
- **Sträucher:** Kartoffel-Rose (*Rosa rugosa*), Tatarischer Hartriegel (*Cornus alba* 'Sibirica'), Wald-Hortensie (*Hydrangea arborescens*).
- **Stauden:** Storchschnabel, Nelkenwurz, Taglilie (*Hemerocallis*).
- **Gräser:** *Calamagrostis brachytricha, Miscanthus sinensis*.

REGENWASSER SAMMELN

Selbst wenn Sie das Wässern auf ein Minimum reduzieren, werden Sie manchmal zur Gießkanne greifen müssen. Vor allem, weil wir durch den Klimawandel lernen müssen, mit heißen, trockenen Sommern zu leben.

Dabei auf Leitungswasser zu setzen ist ein sehr klimaschädlicher Weg. Seine Aufbereitung selbst ist zwar kaum CO_2-belastet, doch das Pumpen zwischen Speichern und zu Ihrem Haus verschlingt Unmengen Energie und erfordert viel Infrastruktur.

VON EINEM **DURCHSCHNITTLICHEN HAUSDACH** FLIESSEN JÄHRLICH RUND **24 000 LITER REGENWASSER** AB – GENUG FÜR DEN **KOMPLETTEN GARTENBEDARF.**

Der Klimawandel beschert uns zudem wärmere, nassere Winter, sodass unsere Häuser und Gärten Regen in Überflutungsmengen abbekommen. Wer beizeiten spart, um bei sommerlicher Trockenheit etwas in der Hinterhand zu haben, lindert übermäßigen Ablauf, Verschmutzung und verteilt die Niederschläge zeitlich etwas.

Pflanzen mögen Regenwasser. Es enthält viel gelösten Stickstoff und kaum Chemikalien. In seltenen Fällen ist es mit Keimen wie den Erregern der Umfallkrankheit belastet, weshalb man zum Wässern etwa von Sämlingen besser Leitungswasser nimmt.

Von einem durchschnittlichen Hausdach fließen jährlich rund 24 000 Liter Regenwasser ab – genug für den kompletten Gartenbedarf, wenn man die auf S. 88–89 aufgelisteten Sparmaßnahmen umsetzt. Fehlt nur noch ein Behältnis, um alles aufzunehmen.

WASSER AUFFANGEN

- **Regenteller** fangen Niederschläge wie eine Art umgedrehter Regenschirm ein. Das Wasser wird in ein freistehendes Fass geleitet.
- **Wasserfässer** gibt es in allen Formen und Größen. Eine gute Alternative zu Kunststoffbehältern sind Holzfässer und Zinntränken. Wer mehrere zusammenschließt, erhöht das Fassungsvermögen.
- **Regenwasserteiche** werden direkt von Fallrohren gespeist und locken viele Tiere an. Man legt die Ränder erhöht an, damit keine Erde in das Wasser fällt und es sauber bleibt.
- **Ober- und unterirdische Tanks** bringen bis zu 10 000 Liter Speicherkapazität. Sie brauchen aber viel Platz. Herstellung und Installation sind mitunter sehr CO_2-intensiv.
- **Retentionsdächer** halten das Wasser auf dem Dach zurück. Da Wasser schwer ist, können sie nur von Spezialisten installiert werden.

MEHRERE WASSERFÄSSER VERBINDEN

1 *Wasserfässer erhöht auf Betonsteine oder Ziegel in einer Reihe aufstellen, damit unter den Hähnen noch eine Gießkanne Platz hat.*

2 *Das Fallrohr der Dachrinne mit dem ersten Fass verbinden. Einen Filter einbauen, in dem sich Unrat fängt.*

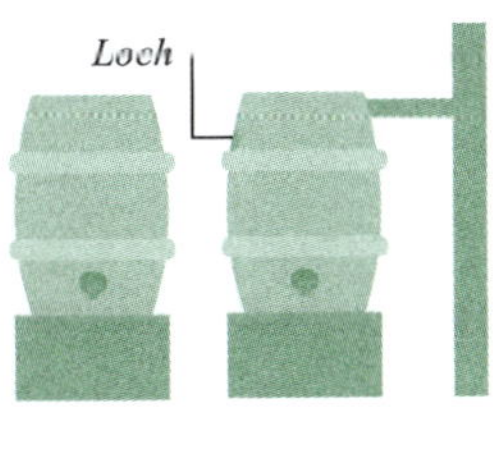

3 *Gegenüber der Stelle, in der der Zulauf aus dem Fallrohr in das Fass führt, ein Loch in das Fass bohren; es sollte sich etwa ein Drittel unterhalb der Fassoberseite befinden.*

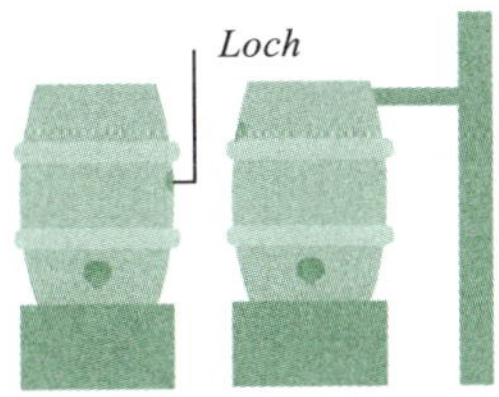

4 *Gegenüber dem Loch im ersten Fass ein Loch in das zweite Fass bohren, das etwas tiefer liegt, sodass Wasser vom ersten in das zweite Fass fließen kann.*

5 *Die beiden Fässer mit einem kurzen Schlauchstück verbinden und mit Klebstoff und Silikon fixieren. Alternativ ein spezielles Verbindungsrohrset für Wasserfässer kaufen*

6 *Alle weiteren Fässer auf die gleiche Weise miteinander verbinden.*

WASSER-MANAGEMENT

In der Regel verwenden wir (aufbereitetes) Wasser in Trinkwasserqualität. Doch das muss nicht sein: Sammeln Sie Regenwasser, um Ihren Garten, Ihre Pflanzen und Ihr Haus damit zu versorgen.

Durch Installation eines Regenwasser-Sammelsystems können Sie die durch das Wässern des Gartens und die Versorgung Ihres Hauses entstandene CO_2-Belastung kompensieren.

Es gibt unterirdische und oberirdische Systeme. Unterirdische arbeiten mit Erdtanks und einer Pumpe, um das Wasser ins Haus zu befördern. Sie erfordern größere Aushubarbeiten, dafür ist später so gut wie nichts mehr zu sehen. Oberirdische Tanks sind meist kleiner, doch kann man mehrere verbinden. Sie lassen sich preiswerter aufstellen, nehmen aber Platz weg und sind nicht immer schön anzusehen.

Ein 3000-Liter-Tank versorgt eine Familie rund fünf Tage. Im Winter ist der Bedarf meist völlig gedeckt, im Sommer muss man für gewöhnlich auf Leitungswasser zurückgreifen, vor allem wenn es länger nicht regnet.

Um Brauch- und Trinkwasser getrennt zu halten, brauchen Sie zwei Systeme. Eine Installation in Neubauten oder bei Renovierungen ist einfacher als ein nachträglicher Einbau. In letzterem Fall sind oberirdische Systeme wesentlich unkomplizierter.

SAMMELSYSTEME

Sie sammeln, speichern und verteilen Regenwasser, das von den Dächern abfließt.

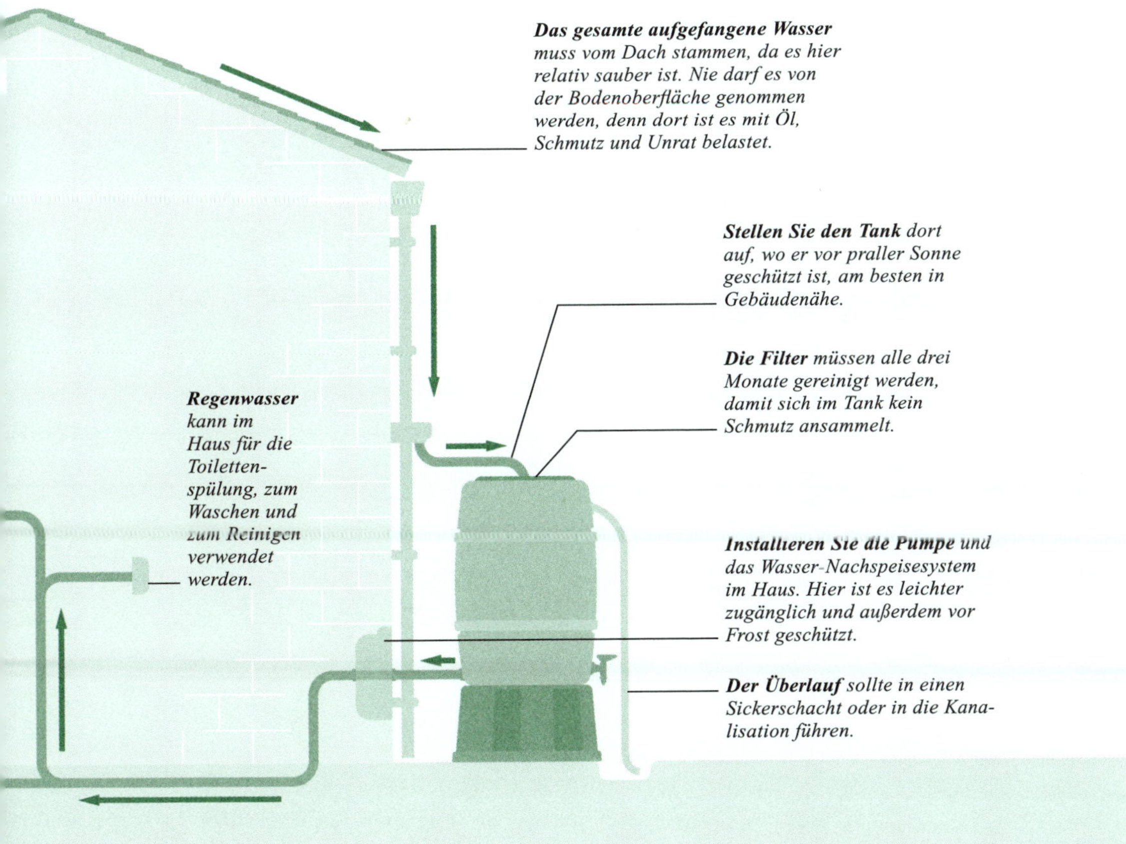
Das gesamte aufgefangene Wasser *muss vom Dach stammen, da es hier relativ sauber ist. Nie darf es von der Bodenoberfläche genommen werden, denn dort ist es mit Öl, Schmutz und Unrat belastet.*
Stellen Sie den Tank *dort auf, wo er vor praller Sonne geschützt ist, am besten in Gebäudenähe.*
Die Filter *müssen alle drei Monate gereinigt werden, damit sich im Tank kein Schmutz ansammelt.*
Regenwasser *kann im Haus für die Toilettenspülung, zum Waschen und zum Reinigen verwendet werden.*
Installieren Sie die Pumpe *und das Wasser-Nachspeisesystem im Haus. Hier ist es leichter zugänglich und außerdem vor Frost geschützt.*
Der Überlauf *sollte in einen Sickerschacht oder in die Kanalisation führen.*

JÄTEN

Unkräuter sind schlecht beleumundet, aber vielleicht wird es ja Zeit, dass wir unsere Haltung zu ihnen überdenken. Wir können sie nämlich problemlos im Zaum halten und zugleich Wildblumen willkommen heißen, ohne unsere Klimabilanz zu verschlechtern.

VOM UMGANG MIT UNKRAUT

Wenn man es sich recht überlegt, sind Unkräuter erstaunliche Pflanzen. Sie wachsen schneller und werden höher als ihre Nachbarn. Zudem breiten sie sich hartnäckiger aus. Doch sie haben noch mehr überraschende Überlebensstrategien auf Lager.

Unkräuter können aus Wurzeln metertief im Boden wieder austreiben, an anderen Pflanzen zum Licht hochklettern und ihre Samen in alle Richtungen abfeuern, sodass man sie garantiert nicht alle wiederfindet. Sie sind so erfolgreiche Überlebenskünstler, dass sie Gartenpflanzen im Kampf um Wasser, Nährstoffe, Licht und Platz locker ausstechen. Die meisten Gartenbesitzer verbringen viel Zeit mit ihrer Bekämpfung.

Eine dichte Bepflanzung und Mulch machen Unkräutern jedoch das Leben erfolgreich schwer. Denn im Grunde sind sie lediglich eine Strategie der Natur, nackte Erde zu besiedeln. Wer also sein Fleckchen Erde mit einer »lebenden Mulchschicht« aus dichtem Bewuchs bedeckt, hält Unkraut fern.

MANCHE **UNKRÄUTER** DEUTEN AUF EIN **ZUVIEL** ODER ZUWENIG AN BESTIMMTEN **NÄHRSTOFFEN** WIE **KALZIUM, STICKSTOFF** ODER **PHOSPHOR** IM **BODEN** HIN.

Sollten sich die ungebetenen Gäste doch einmal festsetzen, kann man ohne seine CO_2-Bilanz zu verschlechtern zum Gegenangriff übergehen, indem man von Hand jätet. Wenn man dabei auch noch klimafreundlich vorgeht, dann ist das keineswegs die Plackerei, nach der es sich anhört.

Lassen Sie fürs Erste die Grabegabel im Geräteschuppen. Denn je mehr Unkraut Sie mitsamt Wurzeln ausgraben, desto mehr Kohlenstoff aus dem Boden bringen Sie an die Oberfläche, wo er oxidiert. Außerdem legen Sie neue Unkrautsamen frei, die nun keimen, weshalb die ganze Buddelei sowieso mehr oder weniger für die Katz ist. Tun Sie lieber Folgendes:

SAMEN VERGRABEN

Die obersten 50 cm Boden sind vollgepackt mit Unkrautsamen, die nur auf die passenden Bedingungen warten,

»Die obersten 50 cm Boden sind vollgepackt mit Unkrautsamen, die nur darauf warten zu keimen.«

um zu keimen. Gänsefuß und Mohn bleiben manchmal bis zu 40 Jahre in Lauerstellung. Oft brauchen sie nur etwas Licht – was sie auch bekommen, wenn man den Boden umgräbt.

Viel besser ist es, sie stattdessen wegzupacken, etwa unter einer 5 cm dicken Mulchschicht aus organischer Substanz. Kompostierte Grünabfälle aus einer Verwertungsanlage in Ihrer Nähe sind steril und bringen nicht noch zusätzliche Unkrautsamen mit, wie Stallmist oder Gartenkompost.

GRÜNABFALL AUS KOMPOSTIERANLAGEN IST **STERIL** UND BRINGT KEINE ZUSÄTZLICHEN **SAMEN** IN DEN GARTEN.

HACKEN, HACKEN, HACKEN

Unkrautsamen im Boden ist mit Mulchen gut beizukommen, aber nicht verhindern kann man, dass Samen durch Wind, Vogelkot, an Schuhen oder über Hunde- und Katzenpfoten in den Garten hineingetragen werden. Durch Hacken köpft man die Sämlinge, solange sie noch winzig sind, am besten an einem trockenen Tag, damit die Reste an der Oberfläche vertrocknen. Ziehen Sie dazu die Hacke behutsam unter der Mulchschicht vor und zurück. Diese Prozedur muss während der Wachstumssaison etwa alle zwei Wochen wiederholt werden.

MIT DER HAND JÄTEN

Wenn Unkraut in Mulch wurzelt, hat es nur eine lockere, krümelige Oberfläche zum Festhalten. Wer mitten im Grün zugange ist und keinen Platz für eine Hacke hat oder nur ein kleines Fleckchen Erde zu jäten braucht, kann auch ganz ohne Werkzeug arbeiten.

Nehmen Sie dazu die Pflänzchen zwischen Daumen und Zeigefinger oder benutzen Sie Ihre Fingerspitzen als Minihacke. Lockern Sie die Oberfläche des Mulchs mit der Hand und das Unkraut fällt Ihnen fast in die Hand, sodass Sie es direkt auf den Komposthaufen befördern können.

UNKRAUT VERNICHTEN OHNE UNKRAUTVERNICHTER

Gartenbesitzer wissen: Ausdauernde Unkräuter können eine echte Plage sein. Viele greifen automatisch zu Herbiziden, dabei spricht einiges dafür, auf die chemische Keule zu verzichten.

Ausdauernde Unkräuter wie Winden, Giersch, Quecke und Schachtelhalm kehren Jahr für Jahr zurück, egal was man anstellt, um sie loszuwerden. Gerade hat man noch geglaubt, den letzten Rest mitsamt Wurzeln erwischt zu haben, schon sprießen sie wie pflanzliche Zombies wieder aus der Erde und bedrängen Ihre Gartenpflanzen. An diesem Punkt greifen viele verzweifelt zum Unkrautvernichter.

Es stimmt schon: Ausgraben allein bringt niemanden weiter. Es setzt nur Kohlenstoff frei und verschlimmert das Problem, da Wurzeln zerteilt werden und jeder verbliebene Rest eine neue Pflanze hervorbringt. Aber mit dem Einsatz von Herbiziden beschert man sich noch mehr Probleme.

DEN TEUFEL MIT DEM BEELZEBUB AUSTREIBEN

Das gängigste Herbizid ist Glyphosat, das in Deutschland für Hobbygärtner aber inzwischen verboten ist. Alternativen sind Triclopyr, das Strünke und verholzende Unkräuter abtötet, und Clopyralid, ein Mittel gegen Rasenunkräuter. Letzteres ist allerdings sehr persistent und schädigt Pflanzen selbst dann noch, wenn sie in Kompost wachsen, der mit Grasschnitt von behandelten Flächen angesetzt wurde.

Es gibt kaum Infos darüber, wie viel Kohlenstoff durch Herstellung und Einsatz von Unkrautvernichtern freigesetzt wird, doch mögliche Auswirkungen auf die menschliche Gesundheit sollten ausreichen, um Sie vom Einsatz abzuhalten. Außerdem lassen sich die meisten mehrjährigen Unkräuter ohne sie ausmerzen – Sie müssen nur genauso hartnäckig wie sie sein.

UNKRAUTBEKÄMPFUNG OHNE CHEMIE

- **Jäten von Hand:** Wenn man jede Woche Triebe auszupft oder hackt, schwächt das die Pflanzen mit der Zeit so sehr, dass sie verschwinden.
- **Kochendes Wasser:** Gießen Sie (mit Energie aus erneuerbaren Quellen) erhitztes Wasser über Unkraut in Pflasterflächen. Das macht ihm sofort mitsamt Wurzeln den Garaus.
- **Elektrische Unkrautvernichter:** Sie verbrennen Unkraut in Pflasterflächen durch einen Thermoschock von bis zu 600 °C. Die Behandlung muss wöchentlich erfolgen.
- **Mexikanische Studentenblume** (*Tagetes minuta*): Die bis zu 1,8 m hohe Einjährige setzt Wirkstoffe frei, die Pflanzen in ihrer Nähe am Wachstum hindern, auch Unkräuter.

SO BEFREIT MAN GROSSE FLÄCHEN VON UNKRAUT

Selbst der schlimmste Unkrautacker lässt sich ohne Herbizide oder Umgraben in eine makellose, sofort bepflanzbare Fläche verwandeln.

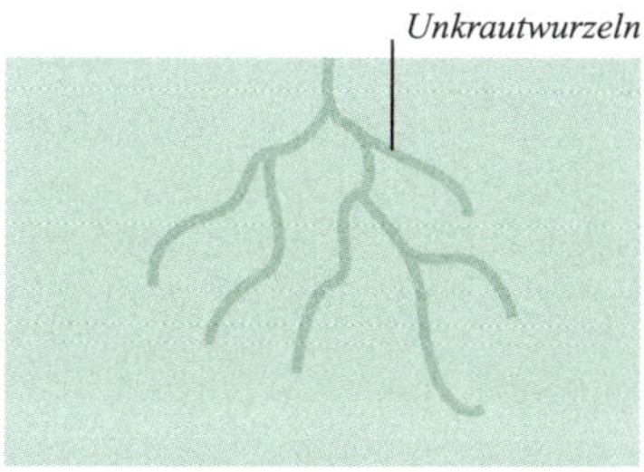

1 *Den gesamten oberirdischen Pflanzenwuchs entfernen, die Wurzeln aber im Boden lassen – durch Ausgraben wird man sie sowieso nicht los.*

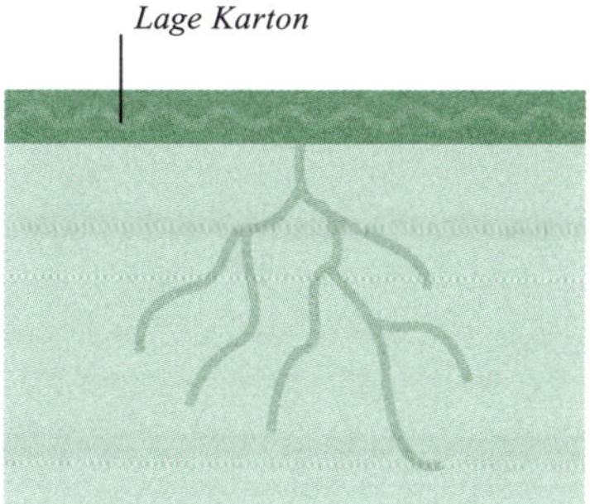

2 *Die gesamte Fläche mit einem dicken oder mehreren dünnen Bögen Karton bedecken. Überlappen lassen, damit keine Lücken bleiben.*

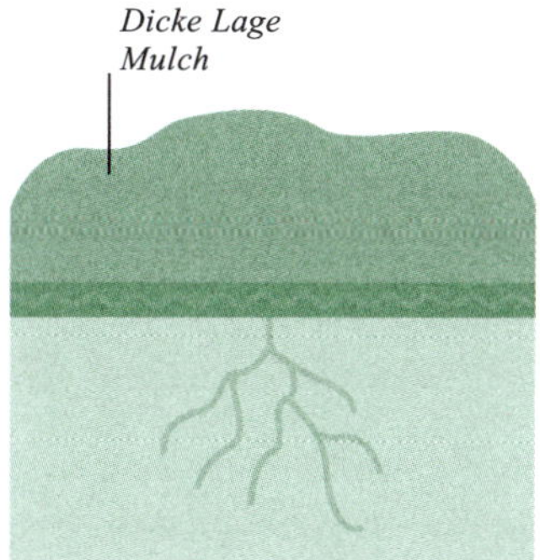

3 *Den Karton mit einer 10–15 cm dicken Lage Mulch aus gut verrotteter organischer Substanz, etwa selbst angesetztem Kompost oder Humus aus der Kompostieranlage, bedecken.*

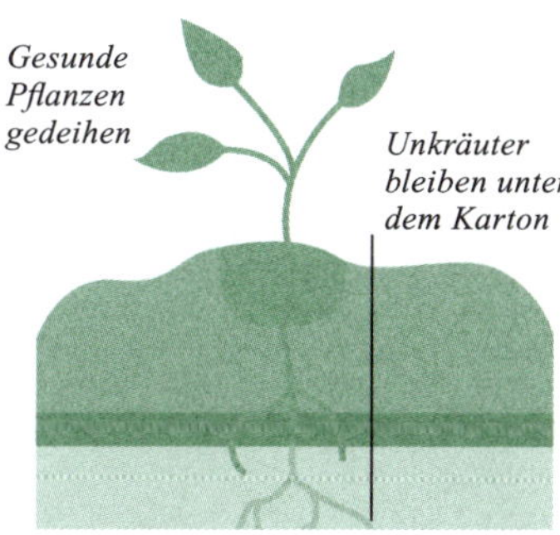

4 *Die Pflanzen direkt in den Mulch setzen. Ihre Wurzeln durchdringen den Karton (in trockenen Gegenden evtl. zusätzlich wässern), aber die Unkräuter darunter schaffen es mangels Licht nicht an die Oberfläche. Ggf. muss das Ganze einige Jahre lang wiederholt werden, bis die Unkräuter aufgeben.*

WIE FEINDE ZU FREUNDEN WERDEN

Für viele bedeutet Unkrautbekämpfung stundenlanges mühseliges Jäten mit Hand und Hacke. Doch es gibt einen einfachen Trick, alle Unkräuter auf einen Schlag loszuwerden: Man nennt sie einfach Wildblumen.

Wir sind gegenüber Pflanzen schrecklich voreingenommen: Das Vergissmeinnicht heißen wir willkommen, aber das Ruprechtskraut reißen wir aus, obwohl es mit seinem farnartigen Laub und den rosa Blüten ebenso hübsch ist. Wildblumen wie das Echte Labkraut, Kornblumen und Leimkräuter ziehen wir mit viel Aufwand und in der Hoffnung heran, dass sie viele Bestäuber auf den Plan rufen, und vergessen, dass der bescheidene Ampfer 33 Schmetterlingsarten anlockt.

Was wir Unkraut nennen, kann genauso schön anzusehen sein wie Kulturstauden. Der hohe Wiesenkerbel ragt mit weißen Blütenwolken aus Rabatten heraus, während Magerwiesen-Margeriten Lücken genauso füllen wie gezüchtete Großblumige Margeriten – nur ganz kostenlos.

UNKRAUT VERBESSERT DIE **FRUCHTBARKEIT** DES BODENS. WENN ES **EINGEHT,** FÄLLT DAS **LAUB** AUF DEN BODEN, WÄHREND DIE **WURZELN** SICH ZU DÜNGER FÜR DAS **ERDREICH** ZERSETZEN.

ESSBARE UNKRÄUTER

Versuchen Sie einen Wildkräutergarten anzulegen. Die essbaren Gierschblätter zupft man ab, bevor sie sich öffnen, während ihre saftigen Stängel in Olivenöl mit Knoblauch und Kräutern gedünstet werden können.

DIE HELFER DER NATUR

Unkräuter besiedeln nackte Erde und verhindern so Erosion. Sie schützen den im Erdreich gebundenen Kohlenstoff und bringen ihre eigene Nutzlast in Form von kohlenstoffreichen Wurzeln und stickstoffhaltigem oberirdischem Wuchs mit ein. Man schneidet sie ab, bevor sie sich aussäen, kompostiert sie und lässt die Wurzeln im Boden, um ihre Vorteile zu nutzen, ohne unter den Nachteilen zu leiden.

Freilich können Sie Unkraut jäten, das Sie nicht im Garten haben wollen, etwa Winden, die Nachbarsgrün überwuchern. Oder unansehnliche Gewächse wie Ampfer und Nesseln in versteckte Winkel verbannen. Aber legen Sie wann immer möglich die Hacke weg und heißen Sie Wildblumen in Ihrem mit einem Mal unkrautfreien Garten willkommen.

»Der bescheidene Ampfer ernährt 33 Schmetterlingsarten, darunter Zimtbär und Linienschwärmer.«

DÜNGEN

Es wird Zeit, sich von Kunstdüngern zu verabschieden. Denn Ihr Haus und Garten besitzen womöglich schon alles, was Sie brauchen, um Ihre Pflanzen und den kohlenstoffreichen Boden gesund zu halten.

DEN BODEN NÄHREN, NICHT DIE PFLANZEN

Herstellung und Transport von Kunstdünger sind erheblich CO_2-belastet. Die Mittel versorgen zwar die Pflanzen, tragen aber wenig dazu bei, das Erdreich selbst zu verbessern. Naturdünger hingegen reichern auch den Boden mit Nährstoffen an.

Wer im offenen Garten wachsende Pflanzen mit Kunstdünger versorgt, richtet wahrscheinlich mehr Schaden an, als er Gutes tut. Die meisten gesunden Böden enthalten nämlich bereits alle Mineralien und Spurenelemente, die Pflanzen brauchen. Eine Nährstoffspritze zur Anregung des Wachstums ist damit völlig sinnlos. Wenn es um klimaschädliche Gartenaktivitäten geht, stehen anorganische, stickstoffbasierte Dünger auf einer Stufe mit Benzinrasenmähern, Glyphosat und Umgraben.

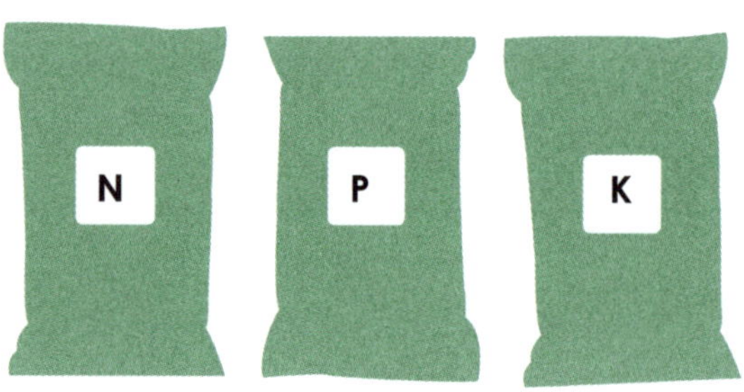

Dünger enthalten Stickstoff (N), Phosphor (P) und Kalium (K) in unterschiedlichen Mengen.

In nährstoffreicher, gut belüfteter Erde können sich Wurzeln ausbreiten.

VERSTECKTE GEFAHREN

Fast alle Kunstdünger wie Ammoniumsulfat, Kaliumsulfat und anorganischer Tomatendünger werden mit dem Haber-Bosch-Verfahren gewonnen. Der als »Brot aus Luft« bekannt gewordene Prozess bindet atmosphärischen Stickstoff für die Herstellung von Ammoniak, einem ausgezeichneten Dünger. Allerdings ist die Methode unglaublich energieaufwendig und verbraucht enorme Mengen fossiler Brennstoffe.

Nach dem Ausbringen von Kunstdünger werden bis zu 5 Prozent des Stickstoffs wieder als Distickstoffoxid freigesetzt: Mit jedem Kilogramm Kunstdünger, den Sie im Garten verteilen, schicken Sie 2,7 kg Treibhausgase in die Atmosphäre.

NATÜRLICHE NÄHRSTOFFE

Leider sind auch einige organische Dünger oft alles andere als klimafreundlich. Hühnermist wird in der Regel vor der Verarbeitung zu Pellets unter anaeroben Bedingungen gelagert und stößt Unmengen Methan

»Mit jedem Kilogramm Kunstdünger, den Sie im Garten verteilen, schicken Sie 2,7 kg Treibhausgase in die Atmosphäre.«

aus. Knochen-, Blut- und Fischmehl müssen pasteurisiert, sterilisiert und erhitzt werden – alles sehr energieintensive Verfahren. Seetangdünger ist vermutlich noch am wenigsten klimaschädlich, obwohl der Tang aus dem Meer geholt wird und negative Auswirkungen auf das dortige Wasserleben nicht auszuschließen sind. Außerdem muss er wie jeder Dünger verarbeitet und transportiert werden.

Alle gewerblich erzeugten Dünger belasten also die Umwelt in gewissem Maße. Man kann diese Belastung allerdings auf ein Minimum begrenzen, indem man sie nur wie in der Gebrauchsanweisung auf der Verpackung empfohlen dosiert und nur zur passenden Jahreszeit ausbringt.

Der Boden-pH-Wert lässt sich durch das Ausbringen von Chemikalien lediglich vorübergehend verändern – man muss es also jedes Jahr wiederholen. Statt den pH-Wert von alkalischem Erdreich künstlich zu senken, ist es leichter und auf jeden Fall klimafreundlicher, Pflanzen zu kultivieren, die mit kalkhaltigen Böden zurechtkommen, beispielsweise Schwertlilien oder Pfingstrosen. Kurzum: Lassen Sie den Düngersack stehen und halten Sie lieber den Boden gesund, damit er seine Aufgabe erfüllen kann.

DER ZERO-WASTE-GARTEN

Wenn wir Gemüse ernten, Sträucher schneiden, Unkraut jäten und den Garten generell sauber halten, entnehmen wir ihm Material, das normalerweise auf den Boden fallen und von Regenwürmern sowie Bakterien wieder in von den Pflanzen verwertbare Nährstoffe verwandelt werden würde. Damit Ihr Garten kräftige, gesunde Pflanzen hervorbringt, müssen Sie also nichts weiter tun, als ihm dieses Material zurückzugeben.

Werfen Sie deshalb möglichst viele Pflanzenreste auf den Kompost (siehe S. 174–175) und schießen Sie noch von außen Nährstoffe in Form von Küchenabfällen oder Stallmist zu. Den Kompost bringen Sie jährlich als 5 cm dicke Mulchschicht wieder aus. Mehr »Düngen« ist nicht nötig. Unser Planet dankt es Ihnen.

Geben Sie dem Garten organische Substanz wieder zurück.

Mit herbstlichem Mulchen nährt man den Boden am besten.

DÜNGER SELBST MACHEN

Kunstdünger ist mit einem hohen CO_2-Ausstoß verbunden und belastet nicht nur die Umwelt, sondern auch den Geldbeutel. Das muss aber nicht sein. Sie haben genug Naturdünger zur Verfügung – sogar kostenlos.

Wir alle brauchen von Zeit zu Zeit einen Booster – die Tasse Kaffee, die uns am Morgen auf Trab bringt, oder den schnellen Schokoriegel, der uns zum Ausklang eines anstrengenden Tages aufrichtet. Genauso ist es mit Pflanzen: Rasch wirkende Flüssigdünger im Wasser fördern das Wachstum, die Blüte und den Fruchtansatz.

Keinen Grund aber gibt es, dabei auf klimaschädliche Kunstdünger zurückzugreifen, ja, man muss nicht einmal organische Dünger in Einwegflaschen kaufen. Wahrscheinlich haben Sie alles, was Sie brauchen, schon griffbereit in Ihrer Nähe: in Ihrem Garten oder unter den Alltagsdingen, die in Ihrem Haus herumliegen.

Setzt man Flüssigdünger aus Laub und Wasser an, entsteht bei der Gärung eine geringe Menge Methan (daher der unangenehme Geruch). Klimafreundlicher ist aerober Komposttee, der unter Sauerstoffzufuhr hergestellt wird. Man kann den Dünger aber auch direkt auf dem Boden verteilen, wo er seine Nährstoffe langsam und auf natürliche Weise im Verlauf der Saison freigibt.

HAUSGEMACHTE DÜNGER

- **Beinwelljauche:** Pflanzen Sie die Beinwellsorte ‘Bocking 14’. Sie breitet sich nicht aggressiv aus und liefert einen kaliumreichen Dünger, der den Fruchtansatz verbessert. Dazu einen Eimer mit Beinwelllaub füllen, Wasser darübergießen und sechs Wochen stehen lassen. Die fertige Jauche müssen Sie vor dem Ausbringen im Verhältnis von 1:20 mit Wasser verdünnen.
- **Brennnesseljauche:** Junge Nesseln sind reich an Stickstoff. Mit ihnen kann man Jungpflanzen, Blattschmuck-Zimmerpflanzen und Blattgemüse düngen. Dazu die Blätter einfach auf den Boden legen, wo sie sich langsam zersetzen, oder wie Beinwell als Jauche ansetzen.
- **Schälreste:** Sie brauchen nicht einmal einen Garten für Dünger-»Smoothies«. Einfach einen Mixer halb mit Obst- und Gemüseschalen füllen, Wasser dazugießen und zu einer wässrigen Suppe mixen (ggf. Wasser nachfüllen). Pur und möglichst frisch anwenden.
- **Urin:** Menschlicher Urin enthält viel Stickstoff und kommt aus einer Quelle, die nie versiegt! Verwenden Sie ihn stets frisch (er darf nicht stinken) und nur, wenn Sie keine Medikamente nehmen. Er wird 1:50 verdünnt und auf den Boden, nie direkt auf die Pflanzen gegossen.

KOMPOSTTEE ANSETZEN

So machen Sie aus Kompost einen rasch wirkenden Flüssigdünger. Das Gebräu enthält reichlich Mikroben und Energie für Ihre Pflanzen.

1 *Einen Spaten voll gut verrottetem Kompost in einen Baumwoll- oder Leinensack geben und den Sack zubinden.*

2 *Einen 20-l-Eimer mit Regenwasser füllen oder mit Leitungswasser, das einige Stunden stehen gelassen wurde. Fünf Esslöffel Zucker oder Melasse dazugeben.*

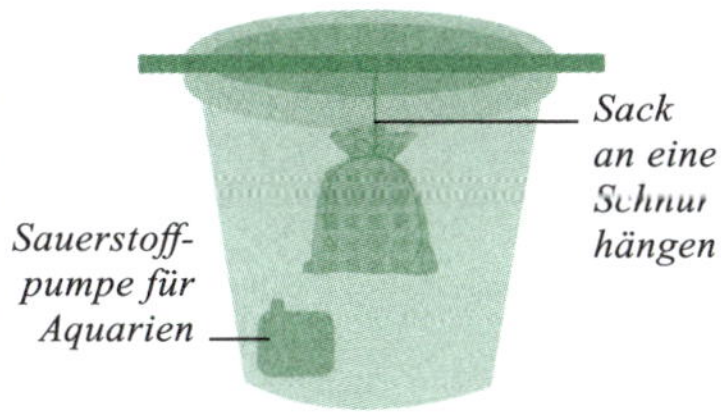

3 *Eine Aquarien-Sauerstoffpumpe in das Wasser geben und einschalten. Den Sack an einem Stock befestigen. Stock so über den Eimer legen, dass der Sack ins Wasser hängt.*

4 *Das Ganze zwei Tage lang ziehen lassen – es wird Blasen bilden und schäumen. Danach den Sack aus dem Wasser nehmen. Den Tee unverdünnt und so frisch wie möglich einsetzen.*

SEETANG-SUPERFOOD

Seetang enthält reichlich Mikronährstoffe und pflanzliche Wachstumshormone. Er eignet sich bestens als Biostimulanz für Pflanzen und Böden. Erkundigen Sie sich aber, ob Sie Seetang an der Küste sammeln dürfen – und wenn, dann nehmen Sie ihn vom Strand, statt ihn von Felsen zu ziehen, da er ein wichtiger Lebensraum für Tiere ist. Der Tang wird im Herbst auf Gemüsebeete gelegt, die im Frühjahr bepflanzt werden, auf den Komposter geworfen oder als Jauche angesetzt.

EINEN WURMKOMPOSTER BAUEN

Ein Wurmkomposter, auch Wurmkiste genannt, ist ein hervorragender, platzsparender Verwerter von Küchenabfällen – und eine Quelle von nährstoffreichem Kompost und Flüssigdünger für den Garten.

Nicht jeder ist mit einem weitläufigen Garten gesegnet, der Platz für einen Komposthaufen bietet. Doch für alle, die trotzdem eigenen Kompost herstellen möchten, gibt es eine Lösung: den Wurmkomposter. Er nimmt wenig Platz weg, denn Kompostwürmer erledigen darin einen Großteil der Arbeit.

RUND **500 GRAMM** KOMPOSTWÜRMER KÖNNEN **PRO WOCHE** ZWISCHEN 800 UND 1000 GRAMM **KÜCHENABFÄLLE** VERARBEITEN.

WURMFÜTTERUNG

Komposthaufen eignen sich zwar hervorragend für die Wiederverwertung roher Schälreste, doch gekochte Küchenabfälle (wie Fleisch) gehören nicht hinein, da sie Fliegen und Ratten anlocken. Trotzdem kann man auch Kochreste in Kompost verwandeln: Man muss nur Würmer damit füttern.

Kompostwürmer sind nicht wählerisch. Sie machen sich über Obst- und Gemüsereste, gekochte Nudeln, Kaffeesatz, Teebeutel, Eierschalen, Brot, Reis und geringe Mengen Unkräuter, Blätter und Schnittblumen her.

Die Tiere verwandeln Küchenabfälle in nährstoffreichen Kompost plus Wurmtee, einen vorzüglichen Flüssigdünger. Man kann sich einen Hightech-Wurmkomposter zulegen, der bei seiner Herstellung aber Energie und Ressourcen verbraucht. Doch es muss gar nicht so kompliziert sein: Eine einfache Wurmkiste lässt sich zu Hause zu einem Bruchteil der Kosten aus gebrauchten Materialien selbst basteln (siehe gegenüber).

SO GEHT WURMKOMPOST

- **Immer nur** eine geringe Menge auf einmal in höchstens 5 cm hohen Schichten hineingeben.
- **Die Schichten** mit nassem Zeitungspapier oder Sackleinen bedecken.
- **Nicht zu viel** Zitrus- und Zwiebelschalen hineinwerfen.
- **Kein Fleisch** und andere tierische Reste hineingeben – sie können Ungeziefer anlocken.
- **Kiste** an einen warmen, geschützten, aber schattigen Platz stellen.
- **Komposter** bei Kälte mit Decken schützen oder in die Garage bzw. einen Schuppen stellen.
- **Hahn jedes Mal** prüfen, wenn Material in den Komposter kommt, denn wenn die Flüssigkeit zu hoch steigt, ertrinken die Würmer.

EINEN WURMKOMPOSTER BAUEN

Holzkisten aus recyceltem, unbehandeltem Palettenholz (siehe auch S. 22) ergeben die besten Wurmkomposter, da der Luftaustausch besser ist. Verwenden kann man auch Plastikbehälter, doch muss man reichlich Luftlöcher hineinbohren. Die Kiste sollte mindestens 35 cm breit sein.

Küchenabfälle *Immer nur höchstens eine 5 cm hohe Schicht nachfüllen. Die Würmer leben in der obersten Schicht – sobald die Kiste voll ist, nehmen Sie die oberste Schicht deshalb heraus, bringen den Kompost darunter in den Garten und geben die Wurmschicht wieder hinein.*

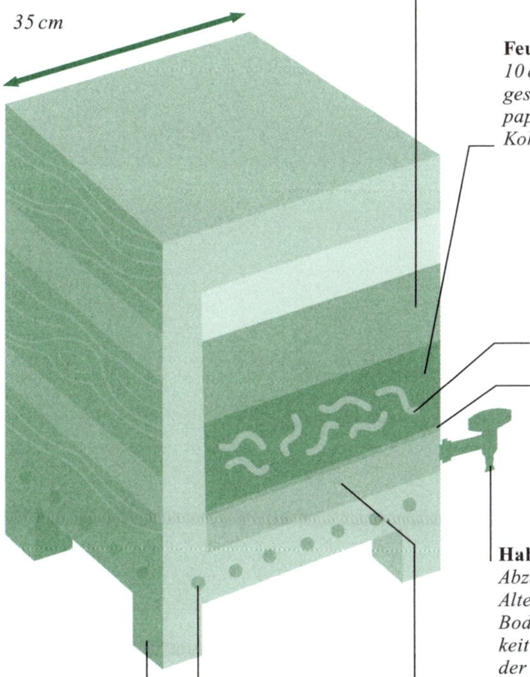

Feuchte Schicht *Eine etwa 10 cm dicke Schicht aus geschreddertem Zeitungspapier, Komposterde oder Kokosfasern aufhäufen.*

Würmer *Spezielle Kompostwürmer kaufen oder einige Exemplare aus einem bestehenden Wurmkomposter übertragen. Ein Loch graben und Würmer hineinlegen.*

Durchlässige Membran *Alten, perforierten Müllsack oder feinmaschiges Drahtgitter auslegen.*

Hahn *Ein Wasserhahn zum Abzapfen von Wurmtee. Alternativ Löcher in den Boden bohren und Flüssigkeit in einer Schale unter der Kiste sammeln.*

Mauerziegel oder Beine *Kiste erhöht stellen, damit Luft zirkulieren und der Wurmtee gezapft werden kann.*

Abzugslöcher *7 mm breite Löcher in regelmäßigen Abständen in die Seiten bohren.*

Kies oder Sand *Eine 8 cm dicke Drainageschicht zur Aufnahme von überschüssiger Flüssigkeit hineingeben.*

DIE NATUR ALS HELFER

Jedes Lebewesen in Ihrem Garten, von bestäubenden Insekten über Frösche und Vögel bis hin zu Igeln, ist Teil des großen Kohlenstoffkreislaufs und spielt deshalb eine wichtige Rolle im natürlichen Ökosystem Ihrer Grünfläche.

LEBENSRÄUME FÜR TIERE

Es leuchtet zunächst vielleicht nicht ganz ein, warum Tiere so wichtig für klimafreundliche Gärten sind. Aber jedes Lebewesen, von der kleinsten Milbe über Hummeln und Falter bis hin zu Vögeln, Füchsen und letztlich Ihnen, ist Teil des großen Kohlenstoffkreislaufs.

Da Tiere Pflanzen und andere Tiere fressen, Material ausscheiden und sterben, recyceln sie ständig kohlenstoffreiche Biomasse. Diese gelangt in den Boden, wo sie gebunden bleibt, um schließlich wieder von den Pflanzen in den Kreislauf eingespeist zu werden. Je mehr Lebewesen man in seinen Garten lockt, desto bessere Dienste leistet er als Kohlenstoffsenke – und gleicht Ihren CO_2-Fußabdruck an anderer Stelle aus.

IN STRASSEN MIT **VOGELFREUNDLICHEN GÄRTEN** GIBT ES FAST **DOPPELT SO VIELE ARTEN** WIE IN STRASSEN OHNE.

Man kann die Bedeutung unserer Gärten als Rückzugsorte für Tiere nicht hoch genug einschätzen. Hier findet die Fauna Schutz vor den Verheerungen des Klimawandels und dem Verlust der Lebensräume. Damit Sie etwas von ihrem Aufenthalt haben, müssen Sie sie zum Bleiben bewegen. So bekommen Sie eine niedergelassene Streitmacht aus Schneckenjägern, Raupenfressern und Blattlausvertilgern als Unterstützung – eine Art eingebaute Schädlingsvernichtung.

RAUM ZUM LEBEN

Der klimafreundliche Garten bietet Tieren viele wertvolle Lebensräume, etwa Hecken, Teiche, Bäume und hohes Gras. Durch sorgfältige Pflanzenwahl kann man einem breiten Spektrum tierischer Besucher von Solitärbienen bis zu Staren Nist- und Eiablageplätze sowie Verstecke bieten.

TIERFREUNDLICHE PFLANZEN:

- **Horstgräser:** Empfehlenswert sind *Miscanthus sinensis*, *Stipa tenuissima* und *Molinia caerulea*. Die Horste eignen sich gut als Insektenversteck. Sie beherbergen Heuschrecken und Käfer, aber auch Wühlmäuse und den einen oder anderen Jungfrosch. Rotkehlchen polstern ihre Nester mit *Miscanthus*, während Augen- und Dickkopffalter ihre Eier auf *Molinia caerulea* legen.
- **Immergrüne Sträucher:** Eine gute Wahl sind *Ilex aquifolium* und *Taxus baccata*. Spatzen nisten und verstecken sich gern im dichten immergrünen Laub, Igel überwintern darunter, kleine Säugetiere wie Mäuse und Insekten nutzen die Gehölze als Unterkunft.

»Je mehr Lebewesen man in seinen Garten lockt, desto bessere Dienste leistet er als Kohlenstoffsenke.«

- **Dornige und stachelige Pflanzen:** *Berberis*, *Rhamnus cathartica* und *Crataegus monogyna* bieten sich an. Gerade kleinere Vögel nisten oft im sicheren Inneren eines solchen »Dornröschenschlosses«. Im Weißdorn leben über 150 Insektenarten, während *Rhamnus* dem Zitronenfalter als Eiablageplatz zusagt.
- **Kletterpflanzen:** *Hedera helix*, *Pyracantha* und *Lonicera* bieten Vögeln Brutplätze und Schmetterlingen ein Winterquartier. Nachtfalter fliegen auf das Geißblatt, der C-Falter dagegen bevorzugt Hopfen und der Faulbaum-Bläuling Efeu.
- **Pflanzen mit hohlen Stängeln:** *Angelica archangelica*, *Cynara cardunculus* und *Alcea rosea* sind eine gute Wahl. Marienkäfer mögen abgestorbene, hohle Stängel, denn hier können sie vor Fressfeinden geschützt überwintern. Auch manche Solitärbienen nisten darin.

BLINDSCHLEICHEN BEIM SONNENBADEN

Blindschleichen liegen gern in der Sonne. Wie alle Reptilien sind sie wechselwarm und müssen sich morgens aufwärmen, um in die Gänge zu kommen (wir alle wissen, wie das ist). Um sie anzulocken, müssen Sie ihnen einen Platz an der Sonne bieten.

Gut sind Wellblech oder Dachziegel. Sie werden an eine sonnige Stelle im Garten zwischen hohes Gras gelegt. Dort lässt man sie ein paar Monate liegen. Dann hebt man eine Ecke und guckt nach, wer eingezogen ist.

PFLANZEN FÜR BESTÄUBER

Hand aufs Herz: Hobbygärtner haben ein gespaltenes Verhältnis zu Tieren. Vögel heißen sie willkommen, wenn sie Blattläuse vertilgen, nicht jedoch, wenn sie Schwarze Johannisbeeren plündern. Bestäuber dagegen sind Sympathieträger ersten Ranges.

Wir alle wünschen uns mehr Schmetterlinge und Hummeln – natürlich weil sie reizend sind, aber auch weil sie unsere Bohnen, Zucchini und Beeren bestäuben und für höhere Erträge sorgen. Leider sind Bestäuber heutzutage so schwer zu bekommen wie Handwerker. Einer alarmierenden deutschen Studie zufolge ist die Biomasse der Insekten in den letzten 27 Jahren um mehr als 75 Prozent gesunken.

ES HEISST, BESTÄUBER SICHERN UNS EINEN VON **DREI BISSEN** JEDES **NAHRUNGSMITTELS,** DAS WIR AUF DEN **TELLER** BEKOMMEN.

Wir können viel gegen den Schwund tun, indem wir unsere Gärten mit Blüten für Bestäuber füllen. Löwenzahn ist dabei noch wertvoller als Dahlien. Gut sind auch Winter- und Vorfrühlingsblüher, die Nektarsammlern zu Saisonbeginn etwas bieten.

EINIGE DER NEKTARREICHSTEN PFLANZEN

- **Apfelbäume:** Alle Frühjahrsblüher locken Bestäuber magisch an. Sie lieben später auch das Fallobst.
- **Blaue Katzenminze** (*Nepeta × faassenii*): Auf ihren blauvioletten Blütenwolken tummeln sich den ganzen Sommer lang dichte Trauben aus halbtrunkenen Bienen.
- **Arznei-Beinwell** (*Symphytum officinale*): Über seinem üppigen Laub locken glockenförmige Blüten langrüsselige Hummeln an.
- **Wilde Artischocke** (*Cynara cardunculus*): Sie tragen riesige distelartige Blüten an 2 m hohen Stängeln über silbrigem Laub.
- **Duftnesseln** (*Agastache* 'Black Adder'): Die kurzlebige Staude trägt im Spätsommer Ähren aus dunkelblauen Blüten.
- **Schneeheide** (*Erica carnea*): Der zähe immergrüne Strauch öffnet seine rosa oder weißen Glockenblüten schon im Winter, wenn Frühaufsteher wie die Hummeln ausfliegen.
- **Lavendel** (*Lavandula angustifolia*): Duftender Flor und silbriges Laub machen ihn zum Gartenliebling.
- **Goldlack** (*Erysimum* 'Bowles's Mauve'): Er trägt rosa, nektarreichen Flor und blüht fast immer.
- **Thymian** (*Thymus vulgaris*): Im Sommer zeigt er winzige violette, rosa oder weiße Blüten.

»Wir können viel gegen den Bestäuberschwund tun, indem wir unsere Gärten mit Blüten füllen.«

MEHR WILDNIS WAGEN

Ein Garten kann tierfreundlich sein und trotzdem einen Zierwert mit ganzjähriger Farbe, Abwechslung und einem eleganten, formalen Design haben.

Gärten beherbergen eine erstaunliche Tiervielfalt. Selbst auf einem bescheidenen Fleckchen Erde können sich etliche Lebewesen tummeln. Die britische Zoologin Jennifer Owen zählte in einem 30 Jahre währenden Experiment in ihrem Vorstadtgarten mehr als 2600 Arten, fast 2000 davon Insektenarten. Solange Ziergärten klug geplant und gepflegt werden, viele Pflanzen enthalten und nicht mit Pestiziden gearbeitet wird, sind sie sogar oft beträchtlich artenreicher als offene Landschaften. Beruhigend für alle, die Wildtiere mögen, aber keine Lust auf einen völlig verwilderten Garten haben.

Vieles, was man unternimmt, um Tiere anzulocken, macht Gärten ansehnlicher: eine möglichst lange Saison, unterschiedlichste Lebensräume und eine üppige, blütenreiche Bepflanzung. Wenn Sie einen abwechslungsreichen Garten anlegen, brauchen Sie nicht lange zu warten, bis sich Tiere einfinden.

EIN TIERREFUGIUM ANLEGEN

1 Löcher in Zaunpfosten werden, wenn sie 3–10 mm dick sind, von Solitärbienen besiedelt.

UNSICHTBAR RENATURIERT

Ein unauffällig renaturierter Garten enthält Wildpflanzen, Insekten und andere Tiere und ist dekorativ.

2 Schlupflöcher in Zäunen ermöglichen Igeln und anderen kleineren Wildtieren ein ungehindertes Vorankommen von Garten zu Garten.

3 Mit Steinen oder Holzstücken gefüllte Drahtwürfel (Gabionen) sind dekorative Bänke, in deren Ritzen und Lücken sich Marienkäfer, Florfliegen und Solitärbienen verkriechen.

4 Totes Holz sollte man stehen lassen – es gehört zu den besten Lebensräu-

men für Tiere. Ein von Rosen überwuchertes Baumskelett ist ein Blickfang.
5 Alte Samenstände von Stauden wie *Rudbeckia fulgida* var. *deamii, Veronicastrum virginicum* und *Phlomis russeliana* sehen von Raureif überzogen toll aus. Lassen Sie sie stehen.
6 Trockenmauern bieten viele Ritzen für Kleinsäuger und Insekten. Sie dienen zudem als Korridore zwischen unterschiedlichen Gartenbereichen.

7 Stroh- oder Reetdächer sehen auf Pavillons oder Gartenhäuschen gut aus, dienen aber zugleich allerlei Insekten und Vögeln als Unterschlupf.
8 Begrünte Dächer enthalten Gänge für Wild- bzw. Solitärbienen. Die auf den begrünten Flächen wachsenden Kräuter werden von Bestäubern geschätzt. Auch die Dächer von Fahrrad- und Geräteschuppen lassen sich begrünen.

EIN INSEKTENHOTEL ERÖFFNEN

Auch Insekten wissen: Nichts ist einladender als ein Fünf-Sterne-Resort, in dem alle Wünsche der Gäste erfüllt werden. Ein Insektenhotel zu basteln ist ein schönes Wochenendprojekt. Und noch mehr Spaß macht es, die neuen Mieter beim Einzug zu beobachten.

Viele Insektenhotels sind fröhlich-chaotische Absteigen, doch kann man sie auch sehr kreativ anlegen und kunstvoll arrangieren oder sogar ausschmücken, damit sie nicht nur als Tierrefugium gute Dienste leisten, sondern auch schön anzusehen sind und den Garten optisch aufpeppen.

BEI ÜBER **40 PROZENT** DER INSEKTENARTEN IST EIN **RÜCKGANG** ZU VERZEICHNEN. EIN **DRITTEL** GILT ALS **GEFÄHRDET.**

Den Insekten sind Äußerlichkeiten einerlei – sie interessiert nur die Qualität der Ritzen und Löcher. Je vielfältiger die sind, desto mehr Tierarten locken sie an. Solitärbienen bevorzugen kleine Löcher, während Kröten und Igel größere Suiten beziehen.

ÖKO-HOTEL

Kaufen Sie für Ihr Insektenhotel nichts extra. Dann laufen Sie auch nicht Gefahr, mit Holzschutzmitteln oder Fungiziden behandelte Materialien zu verbauen. Insekten mögen weder Plastik noch Glas und auch kein gebeiztes und lackiertes Holz. Metall wiederum wird zu heiß oder zu kalt. Das Dach sollte wasserdicht sein.

Ein Riesenbau in Palettengröße muss nicht sein – es reicht ein bildrahmengroßes Minihotel aus recyceltem Holz. Anstelle eines einzigen großen Hotelklotzes kann man den Besuchern auch kleinere Bungalows anbieten.

Zum Sommerende ist eine Endreinigung ratsam: Ersetzen Sie Hölzer mit Bohrlöchern, Laub und anderes organisches Material, damit Parasiten und Krankheiten sich nicht festsetzen.

BAUMATERIALIEN:

- **Rinde, Holzschnipsel und moderndes Holz** für Käfer, Hundertfüßer und Asseln.
- **Hohle Bambushalme,** getrocknete Stockrosen- und Engelwurzstängel für Bienennester.
- **Holzklötze,** in die viele 3–10 mm dicke Löcher gebohrt wurden.
- **Dachziegeln aus Ton oder Schiefer** mit größeren Lücken für Frösche und Kröten.
- **Trockenes Laub und Stroh** für Marien- und andere Käfer.
- **Gerollte Wellpappe** für Florfliegen und ihre Larven.
- **Klinker** (mit Löchern) und Tonrohre für größere Tiere wie Frösche.

EIN INSEKTENHOTEL BAUEN

Aufgestellt wird das Hotel an einem ebenen, schattigen Platz im Garten, wo die Gäste ungestört sind.

1 *Die Ziegel (ohne Mörtel) als Fundament für das Insektenhotel an einer ebenerdigen Stelle H-förmig verlegen.*

2 *5–6 unbehandelte Holzpaletten etwa 1 m hoch stapeln.*

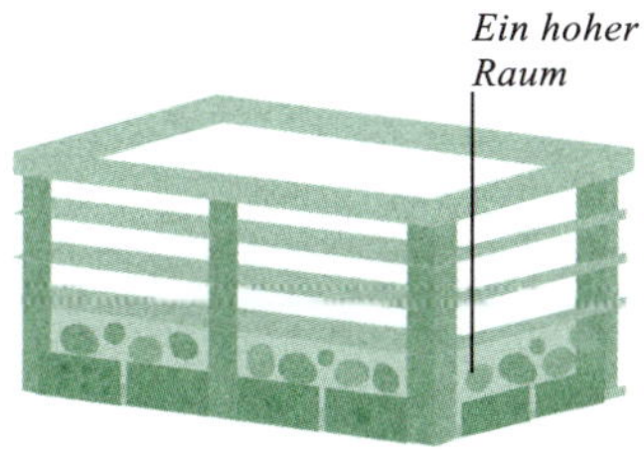

3 *Ein horizontales Brett am unteren Ende der schattigen Seite wegschneiden, sodass ein hoher Raum entsteht. Mit Dachziegeln oder größeren Steinen füllen, zwischen denen Kröten und Igel überwintern können.*

4 *Dann die äußeren Lücken mit unterschiedlichsten Materialien füllen, die möglichst vielen Tierarten Lebensräume bieten.*

5 *Zum Schluss das Ganze mit alten Dachziegeln, Brettern und gebrauchter Dachpappe oder einem grünen Dach aus Gras oder Blumen abdecken.*

TOPFERDE

Der Torfabbau für Blumenerde setzt Kohlenstoff frei, der sich über Zehntausende von Jahren abgelagert hat. Dabei gibt es bessere und klimafreundlichere Substrate für Topfpflanzen.

TORFFREI IST TOP

Hobbygärtner brauchen viel Topferde, vor allem wenn sie Gemüse kultivieren und ihre Pflanzen durch Aussaat vermehren. Doch die riesige Topferde-Industrie zerstört Kohlenstoffsenken, die zu den besten der Welt gehören: Torfmoore.

Jedes Jahr werden in Deutschland 2,5 Millionen Kubikmeter Torf in Pflanzerde verkauft. Europaweit geben Gartenbesitzer pro Saison 1,3 Milliarden dafür aus – eine Menge Geld. 90 Prozent der verkauften Ware aber enthalten noch Torf. Das ist auch kein Wunder, denn Torf ist ein hervorragendes Substrat: stabil, stark durchlässig und doch feuchtigkeitsspeichernd, leicht und preiswert.

TORFMOORE BINDEN JEDES JAHR WELTWEIT UNGEFÄHR **370 MEGATONNEN KOHLENDIOXID.**

RIESIGE KOHLENSTOFFLAGER

Torf wird hauptsächlich aus Hochmooren gewonnen. Sie bestehen aus kohlenstoffreicher organischer Substanz, die im Verlauf von 10 000 Jahren langsam unter Wasser zu einer schwammartigen schwarzen Erde verdichtet wurde. Hochmoore spielen eine wichtige Rolle im Kampf gegen den Klimawandel, denn sie binden pro Hektar etwa zehnmal so viel Kohlenstoff wie andere Ökosysteme. Beim Torfabbau wird diese enorme Nutzlast größtenteils freigesetzt.

Dabei macht uns Torf nicht einmal zu besseren Gärtnern. Erst in den 1970er-Jahren wurde er als Bestandteil von Pflanzerde entdeckt, obwohl wir ihn vorher keineswegs vermisst hatten. In Australien und Japan, wo es keine Torfmoore gibt, ist man immer prächtig fast ohne Torf ausgekommen.

VERZICHT AUF TORF

Der Verzicht auf Torf gehört zu den leichtesten Schritten hin zu klimafreundlicherem Gärtnern: Sie müssen nur beim Kauf zu torffreier Erde greifen. Wenn auf dem Pflanzsack nicht »torffrei« steht, dann enthält das Substrat Torf. Begriffe wie »Bio«, »umweltfreundlich« oder »aus nachhaltiger Quelle« garantieren nicht automatisch Torffreiheit.

Inzwischen mischen die Hersteller von Pflanzerden immer mehr Torfersatzstoffe in ihre Produkte. Aber selbst »torfreduzierte« Mischungen können noch bis zu 80 Prozent Torf enthalten. Der exakte Anteil wird nicht jedes Mal angegeben, auf Nummer sicher geht man also nur, wenn man auf garantiert torffreies Substrat umsteigt.

WIE TORFMOORE ENTSTEHEN

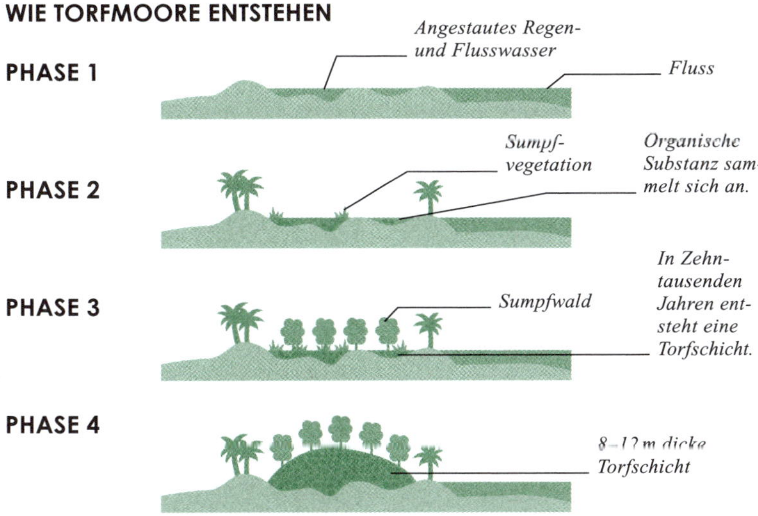

TORFFREIE ALTERNATIVEN

Inzwischen gibt es hochwertige torffreie Alternativen, selbst für Kalkflieher, die auf saurem Torf besonders gut gedeihen. Manche schneiden bei Tests sogar regelmäßig besser ab als Torfsubstrate. Hier wählerisch zu sein lohnt sich, denn es gibt durchaus auch minderwertige torffreie Erden.

Die besten Substrate ohne Torf haben so hervorragende Eigenschaften, dass man mit ihnen fast genauso verfahren kann wie mit Torferde. Torffreie Substrate aus Materialien, die man leicht vor Ort bekommt – etwa Humus aus örtlichen Kompostieranlagen, Rindenkompost oder Schafwolle – haben eine bessere CO_2-Bilanz als solche, die Kokosfasern enthalten, ein Abfallprodukt der Kokosnusswirtschaft, das allerdings aus Südasien herantransportiert werden muss.

Gute torffreie Erde ist in Gartencentern oft schwer aufzutreiben. Sie können sie aber für sich bestellen lassen oder sie online selbst ordern. Als Verbraucher haben Sie mehr Macht, als Sie glauben. Ihr Kaufverhalten kann einen ganzen Wirtschaftszweig auf den rechten Weg bringen.

DIE MENGE MACHT'S

Selbst torffreies Substrat weist eine wirklich erschreckend schlechte Kohlenstoffbilanz auf, falls man es in kleinen Säcken kauft. Viel klimafreundlicher wird der Kauf der Erde, wenn Sie die Transportwege und den Kunststoffverbrauch reduzieren.

Erde ist schwer und muss in großen Lastwagen herumtransportiert werden, was einen entsprechend hohen CO_2-Ausstoß mit sich bringt. Auch Sie selbst sind mit der Autofahrt zum Gartencenter draußen vor der Stadt gut mit dabei. Hinzu kommen die ganzen Einwegplastiksäcke aus fossilen Rohstoffen, die das Fieberthermometer der Erde nach oben treiben.

KLIMAFREUNDLICH KAUFEN

- **Mehrwegsäcke:** Einige Gartencenter und Kompostieranlagen bieten inzwischen bereits Mehrwegbehälter für den Kauf von Pflanzerde an. Man nimmt den leeren Behälter einfach beim Kauf mit und bekommt im Gegenzug einen frisch aufgefüllten.
- **Großgebinde:** Falls Sie mehrmals im Jahr ins Gartencenter fahren und Erde holen müssen, lohnt es sich vielleicht, größere Mengen im Großgebinde oder auf Paletten zu bestellen. Natürlich wird die Bilanz getrübt, wenn der Diesel-Lkw das Substrat von weither zu Ihnen schafft. Je mehr Erde Sie sich aber auf einmal kommen lassen und je kürzer der Anfahrtsweg ist, desto besser wird die Kohlenstoffbilanz.
- **Erde selbst abfüllen:** Wenn Sie in Ihrem Fahrzeug genug Platz haben, können Sie den Vorrat eines ganzen Jahres bei Kompostieranlagen oder von Wertstoffhöfen selbst abholen. Viele dieser Einrichtungen bieten inzwischen Pflanzerde lose, also unverpackt an. Man bringt eigene Behälter mit, füllt sie mit Erde und bezahlt nach Gewicht oder Volumen. Mit ein bisschen Planung kann man sich für das ganze Jahr auf einmal eindecken – ohne den geringsten Aufwand an Einwegmaterial.

ALTE PFLANZSÄCKE

Werfen Sie Ihre leeren alten Erdsäcke aus Plastik nicht weg – mit ihnen kann man noch viel machen!

Kartoffeln ziehen: *Stecken Sie drei Saatkartoffeln in eine 15 cm hohe Schicht Erde im Plastiksack und häufeln Sie die Pflanzen nach und nach an.*

Töpfe und Blumenampeln auskleiden: *Stechen Sie Drainagelöcher in das Plastik, schneiden Sie es zurecht und verwenden Sie es zum Ausschlagen von Pflanzgefäßen.*

Winterschutz: *Schützen Sie Gemüsebeete vor Winternässe, indem Sie die Säcke darüberlegen und beschweren.*

»Wenn Sie die Transportwege und den Kunststoffverbrauch reduzieren, wird der Kauf der Erde gleich viel klimafreundlicher.«

TOPFERDE SELBST MISCHEN

Wirklich klimafreundlich ist das Ausbringen von Samen, das Eintopfen von Jungpflanzen und generell die Topfkultur nur, wenn man keine Pflanzerde kauft, sondern sie sich zu Hause selbst zusammenmischt.

Das Selbstmischen von Pflanzerde macht so viel Spaß wie Kuchenbacken. Man kommt dabei fast ohne Transportwege aus und braucht so gut wie kein Plastik. Mischungen mit eigener Gartenerde haben aber noch einen weiteren Vorteil: Die Pflanzen gewöhnen sich an die Textur des Substrats, seinen pH-Wert und die darin enthaltenen Mikroorganismen. Setzt man die Gewächse später ins Freiland, fühlen sie sich dort von Anfang an zu Hause. Typische Hausmischungen enthalten neben Gartenerde faserige Zutaten, die Nährstoffe beisteuern und die Durchlässigkeit verbessern, aber zugleich Feuchtigkeit speichern.

TORFMOORE SPEICHERN FAST **EIN DRITTEL** DES WELTWEITEN **KOHLENSTOFFS.** DER **TORFABBAU** SETZT IHN UNWEIGERLICH FREI.

MÖGLICHE ZUTATEN

- **Kompost:** Humus aus dem eigenen Komposter bringt viele Nährstoffe mit. Er sollte so gut verrottet sein, dass die ursprünglichen Bestandteile nicht mehr erkennbar sind.
- **Bioabfälle:** Entsorgte Küchenabfälle, in Großanlagen kompostiert und sterilisiert, sind ein guter Ersatz für Gartenkompost.
- **Gut verrotteter Stallmist:** Als weitere nährstoffreiche Zutat kann man Mist oder Dung hinzufügen. Die Weiden, auf denen das Vieh grast, dürfen aber nicht mit Unkrautvernichtern behandelt worden sein.
- **Laubhumus:** Lagern Sie Herbstlaub zwei Jahre in einem Drahtkäfig mit offener Seite. Es zersetzt sich zu einem Humus, der so fein ist, dass er sogar als Aussaaterde taugt.
- **Rindenkompost:** Mitunter bekommt man Rindenhäcksel zum Kompostieren in Sägewerken, doch gibt es ihn auch fertig zu kaufen.
- **Kokoswolle:** Ein guter Ersatz für Laubhumus, leider mit schlechter CO_2-Bilanz.
- **Gartensand:** Dieser grobe Sand erhöht die Wasserdurchlässigkeit.
- **Dünger:** Ein idealer Volldünger ist Seetangmehl aus klimafreundlichen Quellen.

Das Besondere am Selbermixen: Man kann sich seine Pflanzerde maßschneidern. Beginnen Sie mit einer Basismischung, machen Sie sich Notizen und verfeinern Sie sie, bis sie perfekt ist.

ERDMISCHUNGEN

Mischen Sie Ihr Substrat selbst. Als Maß für einen Schubkarren voll Erde reicht ein Spaten, für einen Eimer auch nur eine Handschaufel.

Für Topfpflanzen:
4 Teile Gartenerde
1 Teil Gartenkompost, Humus aus der Kompostieranlage oder Stallmist
1 Teil Laubhumus
1 Teil (grober) Gartensand
1 Handschaufel Seetangmehl pro Schubkarren
Das ist eine Basismischung. Bei Alpinpflanzen und Kräutern erhöht man den Sandanteil, bei Kalkfliehern wie Heidelbeeren und Ahorn nimmt man statt Gartenkompost kompostierten Farn.

Für Aussaaten:
1 Teil Gartenerde
1 Teil Laubhumus, Rindenkompost oder Kokoswolle
1 Teil Gartensand

Für Stecklinge:
2 Teile Gartenerde
1 Teil Laubhumus oder Rindenkompost
2 Teile Gartensand

GARTENERDE STERILISIEREN?

Man kann Gartenerde sterilisieren, indem man sie angefeuchtet in Schalen füllt, mit Folie abdeckt und im Ofen 30 Minuten auf 80 °C erhitzt. Es gibt allerdings gute Gründe, das nicht zu tun: Das Erhitzen setzt CO_2 frei und tötet zudem Mikroorganismen ab, die für die Pflanzen nützlich sein können.

In nicht sterilisierter Setzlingserde können Unkräuter austreiben, doch lassen sie sich gut auszupfen. Frisch gemixte Erde enthält selten Krankheitskeime.

KLIMAFREUNDLICHES TOPFGÄRTNERN

Wer in der Stadt lebt, kann Pflanzen oft nur im Kleingarten oder auf dem Balkon ziehen, von Zimmerpflanzen mal abgesehen. Topfpflanzen brauchen jedoch viel Pflege. Wie klimafreundlich die Topfkultur ist, hängt sehr davon ab, welche Arten Sie wählen.

Topfpflanzen spielen zwar keine so große Rolle wie Freilandgewächse, doch binden auch sie Kohlenstoff aus der Luft. In geschlossenen Räumen sorgen sie für eine natürlichere Umgebung, indem sie Schadstoffe filtern und Sauerstoff freisetzen. Wer sie nachhaltig pflegt, erhöht ihren Nutzen.

NACHHALTIGE OPTIONEN

- **Gebrauchte Töpfe:** Suchen Sie auf Wertstoffhöfen, in Secondhand-Läden und auf Online-Auktionen nach schönen Töpfen mit Nullenergiebilanz oder basteln Sie sich Ihre eigenen Pflanzkästen aus Altholz.
- **Auf die Größe kommt es an:** Mit ein paar Ausnahmen gilt: Je größer der Topf, desto ungehinderter können sich Wurzeln ausbreiten. Nehmen Sie deshalb mindestens 45 cm breite Töpfe.
- **Pflanzen, die sich im Topf wohlfühlen:** Dazu zählen Arten, die langsam wachsen, kompakte Wurzelballen haben (etwa Zwergobst und -gemüse), sowie Kleinsträucher wie Skimmien und Kräuter.
- **Untersetzer:** Fangen Sie Wasser und Nährstoffe damit auf und geben Sie sie den Pflanzen zurück.
- **Pflanzen Sie dauerhaft:** Langlebige Sträucher, Bäume, Stauden und Gräser absorbieren Kohlenstoff am längsten und brauchen meist weniger Erde, Wasser und Dünger als schnell wachsende Einjährige.

DER DURCH KUNSTSTOFF VERURSACHTE **JÄHRLICHE CO_2-AUSSTOSS** KÖNNTE BIS **ZUM JAHR 2050** AUF MEHR ALS **2,75 MILLIARDEN** TONNEN STEIGEN.

WENN ES UNBEDINGT EINJÄHRIGE SEIN MÜSSEN …

- **Durch Aussaat vermehren:** Ziehen Sie Sommerblumen und Gemüse durch Aussaat in selbst gemixter Erde heran.
- **Nicht die ganze Erde ersetzen:** Wenn Sie Einjährige im Frühjahr

»Topfpflanzen spielen zwar keine so große Rolle wie Freilandgewächse, doch binden auch sie Kohlenstoff aus der Luft.«

frisch einpflanzen, bewegen Sie so wenig Topferde wie möglich, indem Sie nur die obersten 5 cm entfernen und durch frische austauschen.

- **Mit Regenwasser gießen:** Pflanzen bevorzugen Regenwasser, da es viel Stickstoff enthält und anders als Leitungswasser, das kalkhaltig ist, einen leicht sauren pH-Wert hat. Damit vermeiden Sie auch die ganzen Emissionen durch Aufbereitung und Transport von Leitungswasser.
- **Selbst gemachten Dünger verwenden:** Kunstdünger ist ein Verursacher von Treibhausgasen, seine Plastikbehälter lassen sich nur schwer recyceln. Stellen Sie Ihren Dünger selbst her (siehe S. 106).
- **Obstpflanzen im Topf ziehen:** Obstbäume und Beerenbüsche im Topf sind die klimafreundlichste Gefäßkultur, da es langlebige, kohlenstoffreiche Gehölze sind.

OBSTPFLANZEN

Empfehlenswerte Obstsorten für Töpfe:

- Apfel Ballerina®
- Pfirsich 'Bonanza'
- Kirschen auf der schwachwüchsigen Unterlage 'Gisela 5'
- Quitten und Mispeln auf schwachwüchsigen Unterlagen
- Feigen
- Heidelbeeren (in Moorbeeterde)
- Chilenische Guave (*Ugni molinae*)
- Topf-Himbeere 'Ruby Beauty'
- Heidelbeere 'Dart's Black Cascade'
- Erdbeeren

PFLEGE VON TOPFOBST

- **Obstgehölze** kaufen Sie am besten wurzelnackt (siehe S. 158) und pflanzen sie während der Vegetationsruhe in torffreie, nach Möglichkeit selbst gemischte Erde.
- **Gießen Sie** mit Regenwasser
- **Düngen Sie** im Sommer wöchentlich mit Volldünger und ab der Blüte mit kaliumreicher Beinwelljauche (siehe S. 106).
- **Ersetzen Sie** in einem Jahr die obersten 5 cm Erde und holen Sie im nächsten die Pflanze aus dem Topf, um ein Drittel der Wurzeln abzuschneiden und die Pflanze in komplett frische Erde neu zu pflanzen.

AUSSAAT

Samen auszusäen und zuzusehen, wie sie zum Leben erwachen, ist immer wieder ein Erlebnis. Doch die Aussaat kann mit einem hohen Kohlenstoffausstoß einhergehen – außer, man geht klimafreundlich dabei vor.

TÖPFE, SCHALEN UND ANZUCHTPLATTEN BASTELN

Die Aussaat gehört zu den angenehmsten Gartenarbeiten. Leider kutschieren viele Hobbygärtner bergeweise Einwegplastik aus dem Gartencenter nach Hause. Dabei ist es einfach: Verwenden Sie alte Kunststoffbehälter oder verzichten Sie ganz auf Plastik.

Endlich ist die neue Saison da! Das Frühjahr klopft mit Nachdruck an und die Sonne wärmt schon die Herzen. In dieser aufregenden Zeit kann man mit unbekannten Sorten experimentieren, alte Pflanzenfreundschaften aufwärmen oder ganz neue Arrangements ausprobieren. Wenn die ersten winzigen Keimlinge aus der Erde spitzen, ist das jedes, aber auch wirklich jedes Mal wieder ein Erlebnis.

DIREKTAUSSAAT

Gar keine CO_2-Emissionen verursacht man, wenn man selbst gesammelte Samen im Garten direkt in Saatrillen sät. Diese Methode liefert auch die besten Ergebnisse, denn die Pflanzen wachsen vom Start weg an ihrem endgültigen Platz, sodass sie nicht durch Umpflanzen gestresst werden.

Allerdings sind die Sämlinge Attacken durch Armeen hungriger Schnecken und Mäuse ausgesetzt. Außerdem erreicht die Bodentemperatur erst im Lauf des Aprils die 10 °C, die für eine Keimung mindestens erforderlich sind. Man kann das etwas beeinflussen, indem man den Boden durch Abdeckungen zwei Wochen lang vorwärmt. Trotzdem ist die Freilandsaison kürzer und der Schädlingsdruck größer als bei der geschützten Aussaat in Töpfen und Schalen.

Die Aussaat unter künstlichen Bedingungen drinnen ist jedoch hochgradig CO_2-belastet. Verwendet man neue (meist kurzlebige) Gefäße aus minderwertigem Plastik, gekaufte Torferde und einen Anzuchtkasten, den man auf behagliche 18–21 °C bringt, um Tomaten im Winter vorzutreiben, ergibt das eine Klimabilanz, die einem

IN **DEUTSCHLAND** WERDEN JÄHRLICH RUND **500 MILLIONEN** PFLANZGEFÄSSE **VERKAUFT.** DIE MEISTEN LANDEN IN **MÜLLVERBRENNUNGSANLAGEN** ODER AUF **DEPONIEN.**

die Tränen in die Augen treibt. Zum Glück kann man auch ohne diesen ganzen Aufwand drinnen aussäen – und sogar noch früher im Jahr.

AUSSAAT OHNE PLASTIK

Es gibt gute Gründe, nicht in Plastikbehälter zu säen, nicht nur wegen der CO_2-Belastung, wenngleich sie gerade bei neuem Kunststoff aus fossilen Rohstoffen enorm ist. Die meisten Plastiktöpfe bestehen zwar heute zu

450 JAHRE DAUERT ES, BIS SICH EIN **PLASTIKTOPF** VOLLSTÄNDIG **ZERSETZT** HAT.

80 Prozent aus recyceltem Material, aber da Plastik nur ein- oder zweimal wiederverwertet werden kann, endet es letztlich doch in Deponien, Verbrennungsöfen oder im Ozean.

Aber es gibt Alternativen, die sogar vorteilhafter für Pflanzen sind. In porösem Holz, Papier und Karton etwa wachsen Setzlinge besser. Die Wurzeln durchdringen die Wände, statt sich kreisförmig zu verdichten. So bekommt man gesündere Pflanzen, die schneller einwachsen und nichts zur Erderwärmung beitragen. Hier einige Tipps:

»Jedes Plastik, selbst recyceltes, endet in Deponien, Verbrennungsöfen oder im Ozean.«

- **Saatschalen aus Holz:** Sie sind nicht teurer als Kunststoff, falls man sie sich gebraucht besorgt – und völlig kostenlos, wenn man sie selbst aus Altholz zimmert.
- **Töpfe aus Zeitungspapier:** Es gibt hölzerne Papiertopfpressen, mit denen man seine Töpfe selbst basteln kann, doch tut es auch ein Trinkglas mit geraden Seiten als Schablone. Papiertöpfe sind ideal zum Ansäen und Pikieren.
- **Leere Klopapierrollen:** Mehrere Rollen werden in eine Schale gestellt und mit Erde gefüllt, in die man große Samen steckt.
- **Erdtöpfe:** Diese gepressten Blöcke aus selbst angesetztem Kompost sind ideale Nullemissionsmodule.
- **Kartontöpfe:** Größere, 10 cm breite Töpfe lassen sich aus dünnem Karton und Papierklebeband basteln.

LAUBHUMUS ANSETZEN

Was Sie in Ihren klimafreundlichen, biologisch abbaubaren Topf tun, ist genauso wichtig wie der Topf selbst. Laubhumus lässt sich leicht erzeugen, kann ganzjährig verwendet werden und ist kostenlos.

Die meisten handelsüblichen Aussaaterden enthalten Torf. Torffrei bekommt man sie manchmal nur über eine Online-Bestellung. Trotzdem lohnt es sich natürlich, das Gartencenter darum zu bitten, torffreie Aussaaterde anzubieten, denn wenn eine Nachfrage da ist, wird man es auch in das Sortiment aufnehmen. In der Zwischenzeit mischt man sie sich selbst – kostenlos.

TORFMOORE ZÄHLEN ZU DEN **SELTENSTEN** NATURRÄUMEN UND WICHTIGSTEN **KOHLENSTOFFSPEICHERN.** DOCH **95 PROZENT** SIND IN **DEUTSCHLAND** BEREITS ZERSTÖRT.

NÄHRSTOFFARM

Laubhumus gehört zu den bestgehüteten Geheimnissen der Gartenwelt. Selbst eingefleischte Hobbygärtner kennen ihn nicht immer und karren ihr Herbstlaub zum Wertstoffhof oder – noch schlimmer – verbrennen es, ohne zu wissen, dass sie damit eine der wertvollsten Ressourcen verfeuern.

Herbstlaub ist als Bestandteil von Gehölzen kohlenstoffreich und bleibt übrig, wenn der Baum seine Nährstoffe vor der Vegetationsruhe aus dem lebenden Blatt zurückholt. Nach dem Verrotten hat man eine stabile, nährstoffarme und faserige, also stark durchlässige organische Substanz. Sie saugt wie ein Schwamm und verbessert die Wasserspeicherfähigkeit von Böden um fast 50 Prozent. Dank all dieser Vorzüge ist Laubhumus das ideale Medium für Aussaaten.

WELCHES LAUB?

Man kann Laubhumus im Prinzip aus allen Blättern ansetzen, aber dünnere wie von Esche und Birke verrotten schneller als dickere wie von Walnuss und Rosskastanie. Wer viele dicke Blätter hat, kann sie häckseln, bevor er sie in den Laubkomposter gibt. Auch Kiefernnadeln eignen sich, doch zersetzen sie sich langsamer – mit drei Jahren sollte man rechnen. Andere Blätter von Koniferen und die von immergrünen Laubbäumen wie Stechpalmen und Rhododendren brauchen so lange, dass man sie besser gehäckselt auf den normalen Kompost wirft.

Grober Laubhumus eignet sich zum Mulchen und Verbessern von Böden und ist nach etwa einem Jahr fertig. Bis er feinkrümelig genug für Aussaaten ist, muss man aber noch mindestens ein weiteres Jahr warten.

SO BAUT MAN EINEN LAUBKOMPOSTER

Blätter werden vor allem von Pilzen zersetzt, während in herkömmlichem Gartenkompost Bakterien die ganze Arbeit erledigen. Deshalb setzt man Laubkompost am besten in einem separaten Komposter an.

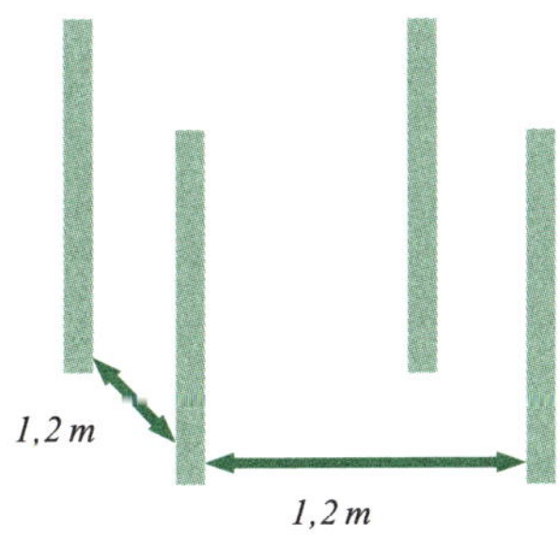

1 *Vier 1,5 m lange Holzpfosten so in den Boden schlagen, dass sie ein Quadrat bilden. Laubkomposter brauchen eine Kantenlänge von mindestens 60 cm – der hier vorgeschlagene hat 1,2 m.*

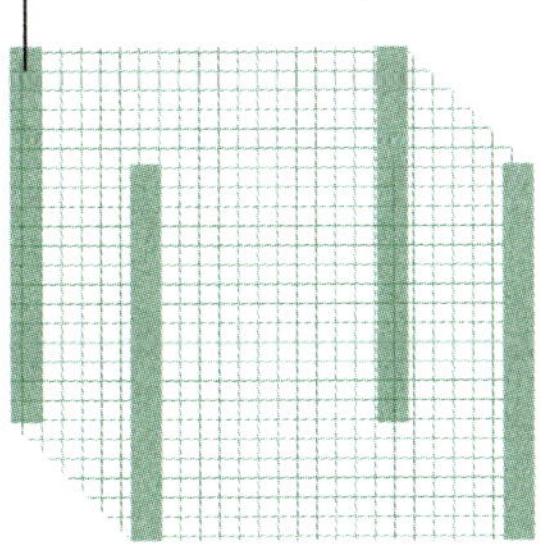

2 *Maschendraht (Maschenweite 25 mm) mit Heftklammern so an den Pfosten befestigen, dass eine Box entsteht.*

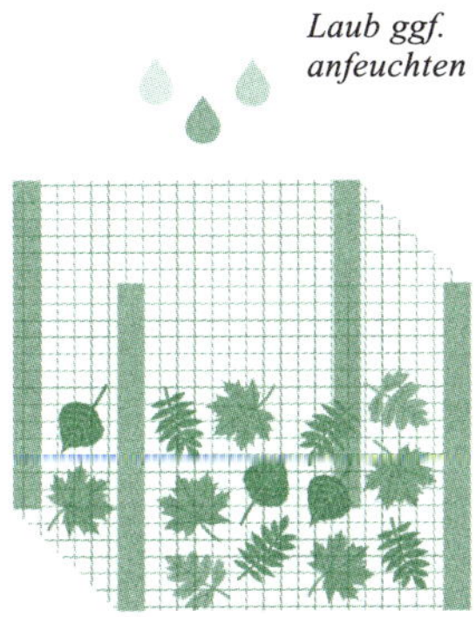

3 *Herbstlaub aufsammeln und in den Komposter geben. Nach und nach festtreten. Feucht halten.*

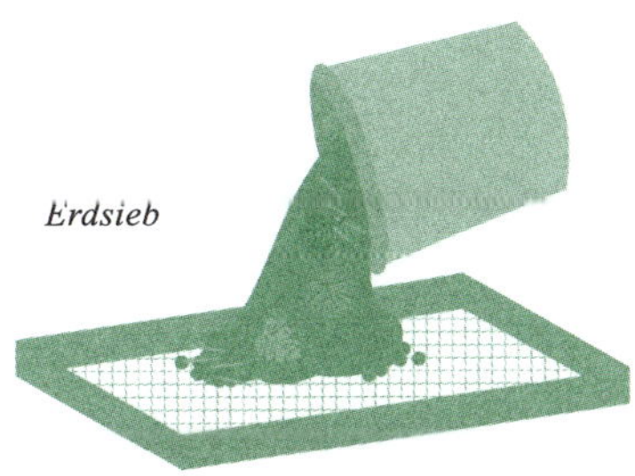

4 *Sobald der Inhalt des Laubkomposters verrottet ist, den Draht entfernen, Laubhumus durch ein Erdsieb sieben und ohne Zumischungen als Aussaaterde verwenden. Komposter anschließend sofort wieder füllen.*

AUSSAAT DRINNEN

Manche Pflanzen brauchen eine lange Saison, um zu reifen und Früchte anzusetzen, etwa Tomaten, Paprika und Auberginen. Deshalb sollten sie möglichst früh gesät werden. In unserem eher kühlen Teil der Welt geht das nur an einem geschützten Platz drinnen mit künstlicher Wärmezufuhr.

Ein traditionelles Gewächshaus nur zu beheizen, um Sämlinge hochzupäppeln, ist aber sündhaft teuer – sowohl in puncto Klimabilanz als auch Stromrechnung. Ein beheizter Anzuchtkasten mit Thermostat wärmt zwar pflanzlichen Nachwuchs wesentlich punktgenauer und wirtschaftlicher, doch wenn er im Gewächshaus steht, muss er an eisigen Tagen auf Hochtouren arbeiten, was den Energieverbrauch ebenfalls nach oben treibt.

Besser als die beiden Optionen ist es, die bereits bestehende Wärme, die Sie mit viel Energie, CO_2-Emissionen und Geld in der Wohnung erzeugen, zu nutzen. Die durchschnittliche Raumtemperatur von 18–21 °C ist ideal für die Keimung der meisten Samen, sodass sie ohne zusätzliche Wärmezufuhr auskommen. Das Einzige, was drinnen ausgesäte Pflänzchen eventuell brauchen, ist Licht.

DIE MEISTEN **SAMEN** KEIMEN BEI **BODENTEMPERATUREN** ZWISCHEN **12 UND 21 GRAD** CELSIUS.

FENSTERBRETTER UND PFLANZENLAMPEN

Sie können komplette Stationen für die Aufzucht von Pflanzen drinnen kaufen oder lediglich LED-Pflanzenlampen über Saatschalen auf einem Regal befestigen.

Als Standort wird für Saatschalen gern ein helles Süd- oder Südwestfenster gewählt, doch ideal ist es dort nicht, da die Lichtquelle aus nur einer Richtung kommt und die Sämlinge dadurch langtriebig und dünn wachsen. Abhilfe kann man teilweise schaffen, indem man sie täglich um 90 Grad dreht oder in eine reflektierende Box stellt.

Suchen Sie sich dazu eine Kartonschachtel, die auf Ihre Fensterbank passt, und schneiden Sie eine der Wände heraus. Nun kleiden Sie die Schachtel mit Alufolie aus, stellen die Sämlinge hinein und platzieren das Ganze mit der offenen Seite zum Licht auf Ihrer Fensterbank.

Wer keine Fensterbank hat, kann auch mit energiesparenden LED-Pflanzenlampen arbeiten.

EINE ANZUCHTSTATION MIT PFLANZENLAMPEN BAUEN

Stellen Sie die Aussaaten auf ein stabiles Gerüst und installieren Sie LED-Pflanzenlampen darüber, sodass die Sämlinge auch in Innenräumen ideale Wuchsbedingungen haben.

LED-Pflanzenlampen *kann man online bestellen und ganz leicht installieren. Sie werden in etwa 30 cm Höhe über den Sämlingen aufgehängt.*

Sie brauchen *ein Gestell, das die Saatschalen und Lampen trägt. Geeignet sind Regale, doch kann man auch eine Anzuchtstation aus Holz maßanfertigen. Sie sollte in der Nähe einer Steckdose aufgestellt werden.*

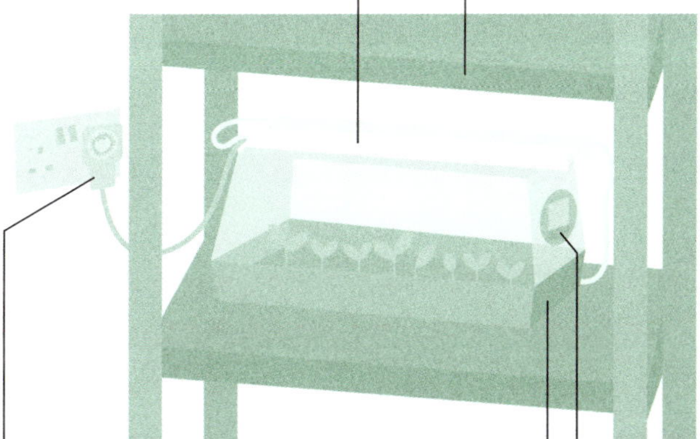

Verbinden Sie *die Pflanzenlampen mit einem Timer, der regelt, wie viel Licht die Sämlinge täglich bekommen. Ideal sind 10–12 Stunden Licht am Tag. Nachts werden die Lampen ausgeschaltet, damit es dunkel ist – auch Pflanzen brauchen Ruhe!*

Stellen Sie *die Sämlinge in eine wasserdichte Schale. Fällt die Zimmertemperatur nachts unter 10–15 °C, kann man eine Heizmatte unterlegen oder Bodenheizkabel in Sand verlegen und so die Temperatur erhöhen.*

Ein Minimum-Maximum-Thermometer *zeigt die höchste und niedrigste Temperatur seit dem letzten Zurückstellen an. So können Sie die Temperaturentwicklung verfolgen und bei Bedarf für etwas zusätzliche Wärme sorgen.*

BODENPFLEGE

Den Wert Ihres Gartenbodens als Kohlenstoffsenke bewahren Sie am besten, indem Sie ihn möglichst in Ruhe lassen, ihn also weder umgraben noch mit Kunstdünger traktieren.

DIE WELT UNTER UNSEREN FÜSSEN

Man könnte glauben, dass der meiste Kohlenstoff im Garten in den Pflanzen gespeichert ist. Dabei bindet die pflanzliche Biomasse nicht einmal ein Fünftel des Kohlenstoffs.

Der Rest befindet sich unter unseren Füßen. Im Garten sind 83 Prozent des Kohlenstoffs in der Erde gebunden: in Wurzeln, Pilzen, Bakterien, lebenden und toten Tieren sowie im Humus. Gärten binden Kohlenstoff sogar besonders gut, denn sie beherbergen eine vielfältige Pflanzenwelt und enthalten so mehr organische Substanz.

Als Gartenbesitzer haben Sie bereits eine stattliche Kohlenstoffsenke. Wenn Sie Ihren Boden pflegen und sein reiches Ökosystem fördern, machen Sie Ihren Grund und Boden zu einem noch besseren Kohlenstoffreservoir.

DEN SPEICHER ERHÖHEN

- **Verzichten Sie aufs Umgraben:** Es setzt Kohlenstoff wieder frei.
- **Treten Sie nicht auf nackte Erde:** Es verdichtet den Boden und presst die Luft aus ihm heraus.
- **Pflanzen Sie Langlebiges:** Ideal sind Bäume, Sträucher und Stauden.
- **Kultivieren Sie viele Pflanzen:** Beschränken Sie die Zahl baulicher Elemente und befestigter Flächen.
- **Begrünen Sie den Boden:** Nackte Erde erodiert. Das setzt CO_2 frei.

BITTE NICHT STÖREN!

Wenn Sie Ihren Gartenboden in Ruhe lassen, bleibt sein fragiles Ökosystem intakt.

***Nematoden,** auch Älchen genannt, sind mikroskopisch kleine Fadenwürmer, die Pflanzen durch ihre nährstoffreichen Ausscheidungen düngen.*

***Mykorrhiza-Pilze** versorgen Pflanzenwurzeln mit Bodennährstoffen und unterstützen womöglich sogar die »Übertragung« von Signalen zwischen Pflanzen.*

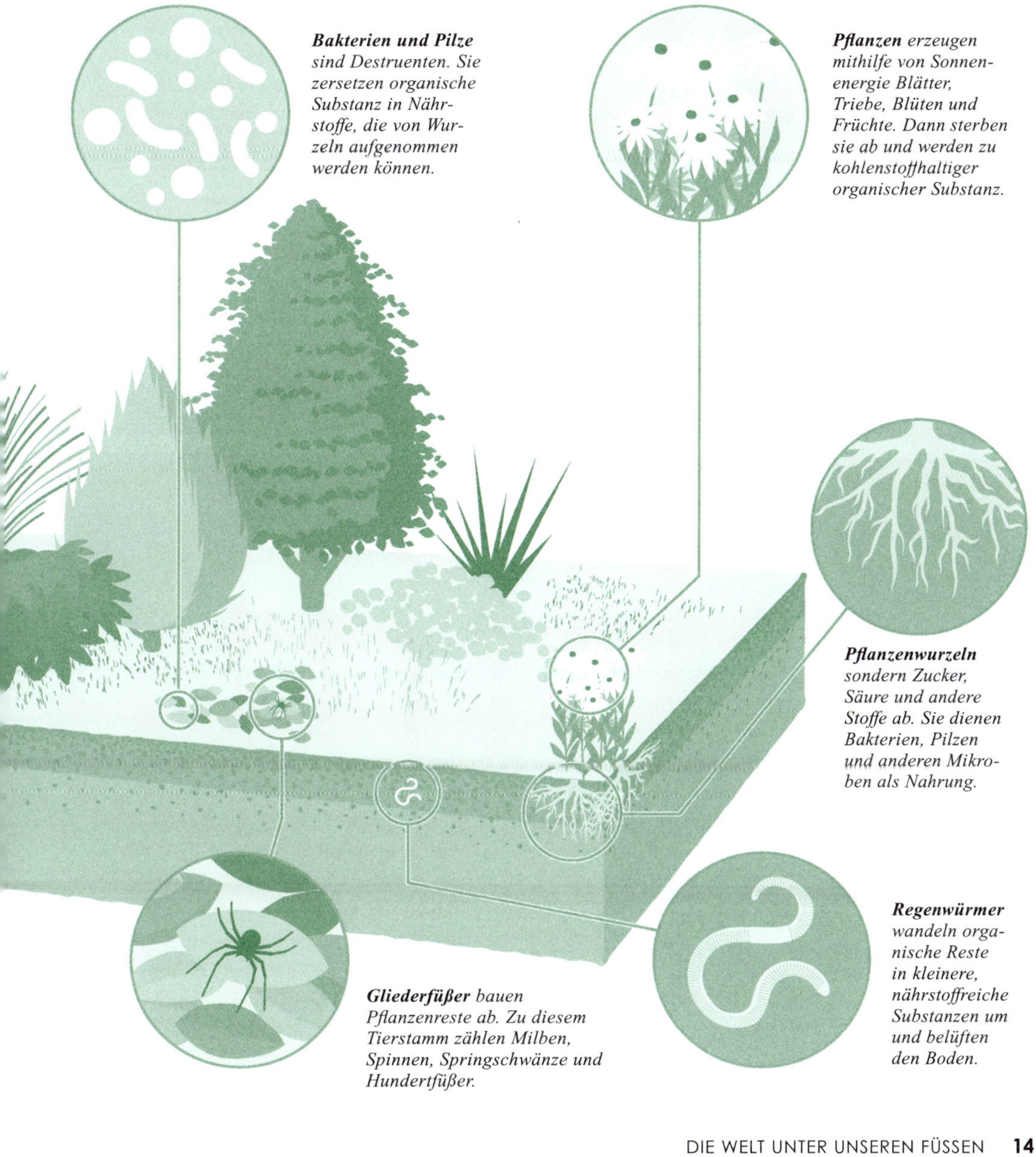
Bakterien und Pilze sind Destruenten. Sie zersetzen organische Substanz in Nährstoffe, die von Wurzeln aufgenommen werden können.
Pflanzen erzeugen mithilfe von Sonnenenergie Blätter, Triebe, Blüten und Früchte. Dann sterben sie ab und werden zu kohlenstoffhaltiger organischer Substanz.
Pflanzenwurzeln sondern Zucker, Säure und andere Stoffe ab. Sie dienen Bakterien, Pilzen und anderen Mikroben als Nahrung.
Regenwürmer wandeln organische Reste in kleinere, nährstoffreiche Substanzen um und belüften den Boden.
Gliederfüßer bauen Pflanzenreste ab. Zu diesem Tierstamm zählen Milben, Spinnen, Springschwänze und Hundertfüßer.

EINE DECKE FÜR DEN BODEN

Es reicht nicht nur, das Leben in Ihrem Boden in Schwung zu bringen: Sie müssen auch dafür sorgen, dass der darin gespeicherte Kohlenstoff gebunden bleibt. Durch Bodenbegrünung erreichen Sie dies und verhindern außerdem Erosion und ein Überhandnehmen von Unkraut.

Nackter, den Elementen ungeschützt ausgesetzter Boden ist verletzlich, vor allem angesichts der dramatischen Wetterextreme, die der Klimawandel mit sich bringt. Platzregen kann das Erdreich und seine Nährstoffe wegwaschen, extreme Hitze trocknet es aus und der Wind tut ein Übriges, indem er es fortbläst. Mit dem Oberboden aber verschwindet nicht nur alles Gute, das es enthält, sondern auch der darin gespeicherte Kohlenstoff.

Durch intensive Landwirtschaft und jährliches Pflügen ist die Oberbodenschicht in den USA im letzten Jahrhundert um 50 Prozent dünner geworden. 2015 hatte sich der FAO zufolge die weltweite Qualität des Oberbodens so sehr verschlechtert, dass er nur noch 60 Jahre lang ausreichende Erträge liefert. Gärten spielen also eine immer wichtigere Rolle als Schutzzonen mit tiefem, reichem, Kohlenstoff speicherndem Erdreich.

DER **FAO** ZUFOLGE IST DER **OBERBODEN** WELTWEIT SO AUSGELAUGT, DASS ER NUR NOCH **60 JAHRE** LANG **AUSREICHENDE** ERTRÄGE LIEFERT.

Die Natur hat einen Trick, wie sie Böden schützt: Sie schickt ihnen Unkräuter zu Hilfe. Immer wenn Sie einen unkrautbewachsenen Fleck Erde sehen, ist das ein Warnzeichen. Es signalisiert, dass der Boden nicht so gut geschützt ist, wie er es sein sollte, und es an der Zeit ist, das zu ändern.

DECKE DRAUF

- **Mulch:** Verteilen Sie jährlich eine 5 cm dicke Schicht aus organischer Substanz. Mulch bewahrt Feuchtigkeit im Boden und erhöht seinen Kohlenstoffgehalt, indem er das Ökosystem darin gesund hält.
- **Dichter Bewuchs:** In einem dicht bepflanzten Garten findet Unkraut keinen Platz. Füllen Sie Lücken zwischen neu gesetzten Pflanzen mit direkt ausgesäten Einjährigen. Im Gemüsebeet sollten Sie Geerntetes immer sofort durch Neues ersetzen.
- **Lebender Mulch:** Niedrige Bodendecker schützen den Boden, bewahren Feuchtigkeit im Erdreich und lassen Unkraut keine Chance. Sie können auch unter Zierpflanzen angesiedelt werden. Im Gemüsebeet arbeitet man mit Kürbissen und Erdbeeren zwischen höheren Arten.

»Gärten spielen eine immer wichtigere Rolle als Schutzzonen mit tiefem, Kohlenstoff speicherndem Erdreich.«

GRÜNDÜNGUNG

Wenn ein großes Areal begrünt werden muss und eine Zierbepflanzung nicht umsetzbar ist, kann man einen Bodendecker aussäen, der die Erde schützt und zugleich mit nährstoff- und kohlenstoffreicher Substanz düngt.

Gründünger bzw. Deckfrüchte sind rasch wachsende, biomassereiche Pflanzen, die speziell zur Bodenverbesserung angebaut werden. Man sät sie einfach auf einem Areal aus, harkt die Samen ein und wässert. Nach einigen Wochen ist der Boden mit einer schützenden Grünschicht bedeckt.

ZU DEN **GRÜNDÜNGERN** ZÄHLEN PFLANZEN AUS DER FAMILIE DER **HÜLSENFRÜCHTLER** UND **KREUZBLÜTLER** SOWIE **GRÄSER.**

Sommer-Gründünger erfordern ein geringeres Maß an Bodenbearbeitung, was entsprechend weniger Kohlenstoff freisetzt. Lassen Sie die Pflanzen einfach natürlich absterben und den Winter über auf dem Boden liegen. Vor der Aussaat werden sie weggeharkt und kompostiert, damit sie dem Boden später wieder als Mulch zurückgegeben werden können. Für Winter-Gründünger hingegen muss der Boden gewendet werden, um die Wurzeln in die Erde einzuarbeiten.

Gründünger schützt den Oberboden und pumpt ihn mit Nährstoffen voll, was nicht nur den anschließend kultivierten Pflanzen guttut, sondern auch dem Ökosystem im Erdreich.

FÜR DEN SOMMER

Diese Gründüngerpflanzen werden von Frühjahr bis Hochsommer nach dem Wegräumen früher Aussaaten ausgesät:

- **Buchweizen** (*Fagopyrum esculentum*) wächst dicht und laubreich, trägt saftiges Laub und viele Blüten, die Bestäuber mögen.
- **Inkarnat-Klee** (*Trifolium incarnatum*) ist ein natürlicher Dünger, denn er bindet Stickstoff aus der Luft.
- **Rainfarn-Phazelie** (*Phacelia tanacetifolia*) trägt Unmengen blauer, nektarreicher Blüten und sät sich sehr stark selbst aus.

FÜR DEN WINTER

Winter-Gründünger wird im Spätsommer und Frühherbst ausgesät:

- **Winterharte Salate** wie *Claytonia*, Chicorée und Feldsalat bilden Matten aus stickstoffreichen Rosetten. Im Frühjahr mäht man sie, kompostiert den Schnittabfall und arbeitet die Wurzeln in den Boden ein.
- **Die Futterwicke** (*Vicia sativa*) reichert den Boden mit Stickstoff an.
- **Ackerbohnen** (*Vicia faba*) binden Stickstoff aus der Luft. Sie lassen sich außerdem als Gemüse nutzen.

SO FUNKTIONIERT'S

Wählen Sie Gründüngerarten aus, die den Boden verbessern und sich für den jeweiligen Standort eignen.

Üppiger Wuchs *Alle Gründünger bilden in kurzer Zeit viel Biomasse. Sie und der Stickstoff darin werden dem Boden über den Kompost oder durch direktes Verrotten wieder zugeführt.*

Stickstoffbindende Knöllchen *Hülsenfrüchtler wie Klee und Ackerbohnen beherbergen in ihren Wurzeln Bakterien, die Stickstoff aus der Luft in Wurzelknöllchen fixieren.*

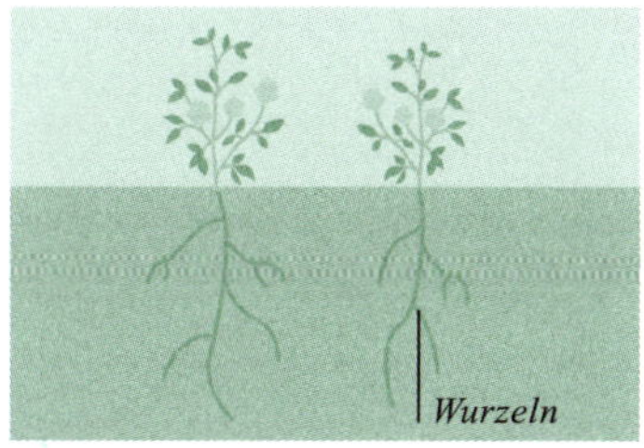

Nährstoffsammler *Tief wurzelnde Pflanzen wie Luzerne und Ölrettich holen Nährstoffe aus tieferen Bodenschichten und stellen sie Pflanzen an der Oberfläche zur Verfügung.*

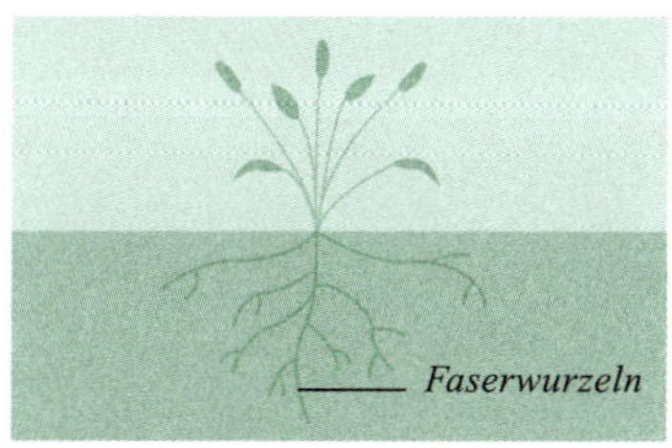

Bodenbelüftung *Gründüngerpflanzen mit faserigen Wurzeln wie Winter-Wicke und Winterroggen brechen den Boden auf und lockern ihn.*

Bestäuberpflanzen *Blühende Gründüngerpflanzen wie* Phacelia *und Buchweizen locken Bestäuber an, was reichere Gemüseernte bringt und die Biodiversität im Garten erhöht.*

SCHÄDLINGS-BEKÄMPFUNG

Schädlinge können einem Garten ganz schön zusetzen. Synthetische Pestizide allerdings schaden der Umwelt und sind verheerend für die Biodiversität. Zum Glück gibt es für umwelt- und klimabewusste Hobbygärtner reichlich Alternativen.

VORBEUGEN IST BESSER ALS HEILEN

Vielen Lebewesen, ob groß oder klein – und manchmal sogar sehr klein –, schmeckt selbst gezogenes Gemüse ebenso wie Ihnen. Auch den Zierpflanzen sind viele zugetan. Greifen Sie trotzdem nicht zu Pestiziden.

Schädlingsarmeen mit Pestiziden zu Leibe zu rücken, scheint eine unkomplizierte und wirkungsvolle Strategie zu sein. Allerdings sind die Kollateralschäden für Umwelt und Klima fast so verheerend wie bei Düngemitteln. Außerdem gehören Schädlingsvernichter zu den Hauptverdächtigen beim dramatischen Rückgang der Biodiversität in den letzten Jahren.

Ein Problem ist nicht nur die miese CO_2-Bilanz bei ihrer Herstellung, auch rund 9 Prozent des Energieverbrauchs im Ackerbau gehen auf ihr Konto.

Viele Insektizide töten wahllos alles, was sechs Beine hat, auch Nützlinge. So bleiben den Pflanzen keine Leibwächter mehr – und Ihrem Garten keine Insekten, also auch keine kohlenstoffreiche Biomasse, die er braucht, um zu gedeihen.

Neonicotinoide wie Acetamiprid werden von der Pflanze absorbiert und sind dann in geringer Menge sogar in Pollen enthalten. In hoher Dosierung beeinträchtigen sie den Orientierungssinn und die Fähigkeit der Bienen, Nektar zu sammeln. Solche Insektizide dürften für den Rückgang der Populationen von Honigbienen und Wildbienen mitverantwortlich sein.

Wesentlich ungefährlicher sind organische Pestizide. Trotzdem unterscheiden einige dieser Mittel, etwa Pyrethrine und Insektizidseifen, nicht zwischen Schädling und Nützling und sollten daher nur im Notfall angewendet werden. Auf ein Minimum begrenzen kann man ihre schädigende Wirkung zudem, indem man sich exakt an die Vorgaben der Hersteller hält und sie nur abends ausbringt, wenn Bestäuber nicht mehr so aktiv sind.

Wenn Sie Schädlinge auf Ihren Pflanzen bemerken, richten sie bereits Schaden an. Wehren Sie die Mitesser lieber schon ab, bevor sie zuschlagen.

IN **90 PROZENT** DER **BÄCHE UND FLÜSSE** IN DEN **USA** BEFINDEN SICH **RÜCKSTÄNDE** VON PESTIZIDEN.

»Pestizide verschmutzen die Umwelt, verschlimmern den Klimawandel und reduzieren die Biodiversität.«

Schädlinge gibt es in allen Größen.

NATÜRLICHE METHODEN

- **Regelmäßiges Patrouillieren:** Trinken Sie Ihren Kaffee im Garten und spazieren Sie zwischen Pflanzen herum, wann immer möglich, dann fallen Ihnen kleinste Veränderungen auf und Sie können einen Befall schon im Keim ersticken.
- **Hindernisse:** Errichten Sie Barrieren. Netzkäfige halten fliegende Schädlinge wie Kohlweißlinge, Tauben und Blattläuse fern, ein Wall aus Kleie Schnecken.
- **Gesunde Pflanzen:** So wie Sie anfälliger für Erkältungen werden, wenn Sie schlapp sind, so ist es auch mit Pflanzen: Sie fangen sich leichter Schädlinge und Krankheiten ein, wenn es ihnen nicht gutgeht. Wählen Sie Arten mit Bedacht aus, pflanzen Sie sie am optimalen Standort und halten Sie sie gesund und größtenteils schädlingsfrei.
- **Natürliche Feinde:** Locken Sie viele Tiere in Ihren Garten, damit ein ausgewogenes Ökosystem mit integrierter Schädlingsbekämpfung entsteht. Dann werden Blattläuse auf den Rosen Nahrung für Blaumeisen und Marienkäfer, während Frösche sich an Schneckeneiern und Jungschnecken gütlich tun.
- **Sauberkeit:** Viren-, Bakterien- und Pilzkrankheiten verbreiten sich über Gartenscheren, welkes Laub oder Kompostreste in schmutzigen Pflanztöpfen. Halten Sie alles sauber und desinfizieren Sie Scheren nach der Arbeit an jeder Pflanze.
- **Widerstandsfähige Sorten:** Es gibt viele neue Gemüsezüchtungen wie die gegen Krautfäule resistente Kartoffel 'Sarpo Axona'. Auch Wildarten wie *Rosa gallica* bei den Rosen sind meist etwas robuster.

WILDE MISCHUNG

Wenn Sie Ihr Gemüse traditionell in sauberen Reihen aus ein und derselben Art pflanzen, können Sie gleich eine Neonreklame mit der Aufforderung »Holt sie euch!« darüberhängen. Mischungen aus vielen Arten locken mehr Insekten an, auch Nützlinge, die Schädlinge vertilgen.

Schädlinge spüren potenzielle Opfer von weither auf. Wenn Sie Pflanzen in Reihen defilieren lassen und alles störende Begleitgrün entfernen, ruft ihr Duft jeden Mitesser aus mehreren Kilometer Entfernung auf den Plan.

Eine wilde Mischung vieler Arten dagegen ist für Schädlinge verwirrend. Zwischen aromatischen Kräutern etwa können sie ihr Ziel nicht mehr ausfindig machen. Ihr Lieblingslaub entdecken sie schwerer, wenn es zwischen gelben *Anthemis*-Blüten verborgen ist. Vielfalt lockt zudem Nützlinge an. Florfliegen besuchen Ringelblumen und legen dabei ihre Eier neben eine Blattlauskolonie, sodass ihr Nachwuchs nach dem Schlüpfen sofort einen reich gedeckten Tisch vorfindet.

DER BESTÄUBERMAGNET BORRETSCH ALS NACHBAR VON **ERDBEEREN** ERHÖHT DEN **ERTRAG** UM EIN DRITTEL.

Bei der Polykultur steht Gemüse Schulter an Schulter mit Blumen, Obst und Kräutern, was das Risiko verteilt: Schnecken knabbern ein, zwei Salate an, können aber nicht gleich eine ganze Reihe vernichten.

Begleitpflanzen haben aber weitere Vorteile. Der Boden bleibt begrünt, seine Nährstoffe teilen Arten mit unterschiedlichsten Bedürfnissen unter sich auf. Der Ertrag aus Gemüsebeeten lässt sich verdoppeln, wenn man hohe Pflanzen wie Rosenkohl mit niedrigen wie Kopfsalat, Petersilie und Mangold kombiniert. Kürbislaub hält Feuchtigkeit im Boden und unterdrückt Unkraut. Dicke Bohnen düngen mit Wurzelknöllchen benachbarten Spinat.

EMPFEHLENSWERTE KOMBINATIONEN

- **Mais, Kürbisse und Gartenbohnen:** Pflanzen Sie zuerst den Mais, dann die Bohnen, die Stickstoff binden und am Mais hochklettern. Kürbis dient als lebender Mulch.
- **Kohl und Rotklee:** Rotklee unter Kohl senkt den Befall durch Kohlweißlinge um 60–90 Prozent. Außerdem düngt er den Boden.
- **Erdbeeren, Borretsch, Schnittlauch und Thymian:** Erdbeeren sind Bodendecker und tragen reichlich, denn Borretsch und Thymian locken Bestäuber an, während Schnittlauchduft Blattläuse fernhält.

»Eine wilde Mischung vieler Arten ist für Schädlinge schrecklich verwirrend.«

SCHÜTZENDE MITTEL SELBST HERSTELLEN

Manchmal durchbrechen Schädlinge trotz aller Bemühungen die Verteidigungslinien. Bis Sie es merken, haben sie schon ansehnliche Kolonien gegründet. In einem solchen Fall hilft nur noch Zurückschlagen. Mit natürlichen Verbündeten und selbst gemachten Mitteln gewinnen Sie die Schlacht.

Schädlinge vermehren sich erstaunlich schnell. Blattläuse etwa können ihre Population an einem Tag mehr als verdreifachen. Kein Wunder, dass ihnen schwer beizukommen ist.

BIOLOGISCHE BEKÄMPFUNG

Eine Möglichkeit, sie zu dezimieren, ist die biologische Schädlingsbekämpfung mit natürlichen Fressfeinden, die lebend oder in scheintotem Zustand geliefert werden. Sie vermehren sich rasch und können die Lage schnell unter Kontrolle bringen.

Die meisten dieser Nützlinge sind für Gewächshäuser gedacht, manche aber kann man auch im Freiland einsetzen – die Nematode *Phasmarhabditis hermaphrodita* etwa, die Schnecken dezimiert, wird mit dem Gießwasser ausgebracht. Sie ist allerdings teuer. Überhaupt ist die Nützlingsproduktion ein internationales Geschäft mit entsprechend schlechter CO_2-Bilanz. Man kann den Kohlenstoff aber auch völlig aus der Gleichung nehmen, indem man seine Schutzmittel selbst erzeugt.

SELBST GEMACHTE MITTEL

Die meisten Zutaten haben Sie vermutlich bereits zu Hause vorrätig:

- **Abwehrmittel aus Tomatenlaub:** 500 g Tomatenblätter hacken und über Nacht in 1 l Wasser legen. Abseihen und versprühen. Tomatenblätter enthalten giftige Alkaloide, die Sauginsekten abschrecken und manchmal auch abtöten.
- **Bierfalle für Schnecken:** Einen großen Joghurttopf mit 5 cm Bier füllen und in der Nähe gefährdeter Pflanzen so im Boden versenken, dass der Rand knapp über dem Boden steht. Die Schnecken werden vom Bier angelockt, fallen hinein und kommen nicht mehr heraus.
- **Seifenwasser:** 1 EL Neutralseife in 1 l warmem Wasser auflösen. Die Lösung auf die Blätter sprühen – sie erstickt Sauginsekten.
- **Milch:** Milch im Verhältnis 2:3 mit Wasser mischen und Zucchini, Kürbisse und Reben damit gegen Mehltau behandeln. Die Laktose reagiert vermutlich mit dem Sonnenlicht. Bei Versuchen war die Mischung wirksamer als künstliche Fungizide.
- **Rhabarberwasser:** 500 g Rhabarberblätter 30 Minuten in 1 l Wasser kochen. Abseihen und versprühen. Die Oxalsäure in den Blättern schädigt auch Nützlinge und ist für Menschen giftig, weshalb man nur Zierpflanzen damit behandeln darf.

CHILI- UND KNOBLAUCHSPRAY

Zerdrückter Knoblauch setzt als Selbstverteidigungsstrategie unangenehm riechende Schwefelverbindungen frei; Chilis enthalten das scharfe Capsaicin. Man kann beide zu einem Spray verarbeiten und seine Pflanzen damit selbst für hartnäckigste Schädlinge ungenießbar machen.

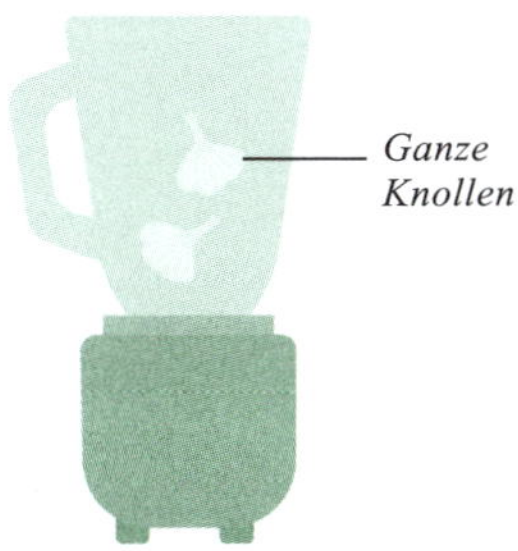

1 *Zwei ganze Knoblauchknollen oder eine große Hand voll frischer, scharfer Chilis im Mixer zerkleinern.*

2 *Das gehackte Gemüse in ein 1-l-Einmachglas geben und mit Wasser auffüllen. Für Knoblauchspray über Nacht, für Chilispray bis zu einer Woche lang stehen lassen.*

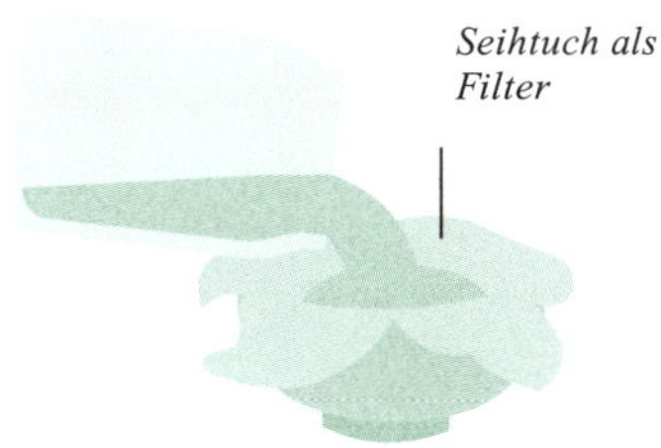

3 *Flüssigkeit durch ein Seihtuch in eine saubere Schale gießen, einen EL Neutralseife dazugeben und in eine beschriftete Flasche füllen.*

4 *Chilispray kann pur verwendet werden, Knoblauchspray muss 1:4 mit Wasser verdünnt werden. Blätter an einem trockenen Tag beidseitig damit besprühen. Wöchentlich wiederholen.*

PFLANZENKAUF

In einem Gartencenter gekaufte Pflanzen sind oft mit hohen Kohlenstoffemissionen belastet. Erkundigen Sie sich deshalb vor dem Kauf nach ihrer CO_2-Bilanz und wählen Sie die jeweiligen Arten nach Umweltaspekten aus. Damit können Sie einen wesentlichen Beitrag zum Klimaschutz leisten.

REGIONAL KAUFEN

Ihr Kaufverhalten im Gartencenter ist ein entscheidender Faktor in Ihrer Umweltbilanz. Wenn Sie also das nächste Mal Ihren Einkaufswagen vollladen, fragen Sie sich, was die Pflanzen wirklich kosten – denn der wahre Preis steht nicht auf dem Etikett.

Hand aufs Herz: Wir Hobbygärtner lieben den therapeutischen Kaufkick. Ganz gleich, ob wir im Gartencenter vor Ort Stammkunden sind, Spezialgärtnereien aufsuchen oder auf Gartenausstellungen hemmungslos zuschlagen, neue Pflanzen lassen unseren Glückshormonspiegel in die Höhe schnellen. Der Jahresumsatz auf dem Gartensektor belief sich in Deutschland auf insgesamt 20,7 Milliarden Euro (Stand 2020). In der EU, in der die Hälfte der Topfpflanzen weltweit erzeugt wird, waren es im Jahr 2017 über 88 Milliarden Euro.

Die Pflanzenproduktion ist internationaler, als man glaubt. Am Anfang eines Kaufs steht vielleicht Zuchtmaterial aus Deutschland, das anschließend zur Vermehrung und Anzucht nach Äthiopien transportiert wurde. Stecklinge davon reisten womöglich mit dem Flugzeug zum Einwurzeln in die Niederlande, wurden dann zum Eintopfen nach Deutschland gefahren und schließlich mit dem Lkw in das Gartencenter in Ihrer Nähe verfrachtet.

Der Gartensektor arbeitet an der Verbesserung seiner Umweltbilanz. Inzwischen werden biologische Bekämpfungsmittel und kulturtechnische Maßnahmen zur Eindämmung von Schädlingen immer häufiger. Auch bietet der Handel zunehmend Topfpflanzen in torffreiem Substrat an. Dennoch hat Hochmoortorf bei den Kultursubstraten im Erwerbs- und Hobbygartenbau noch einen Anteil von durchschnittlich 80 Volumenprozent. Das Gros der Pflanzen im Handel wächst also weiter in torfbasierter Erde und durchläuft auf seinem Werdegang außerdem mehrere Plastiktöpfe. Es gibt noch viel zu tun.

RUND **500 EURO** GEBEN HOBBYGÄRTNER IN DEUTSCHLAND J**EDES JAHR** FÜR IHREN **GARTEN** AUS.

NACHHALTIG GÄRTNERN

Schon okay – Sie müssen nicht gleich ganz auf den Pflanzenkauf verzichten! Wenn Sie aber Ihre Klimabilanz beim Aufstocken Ihrer Rabatten verbessern möchten, sollten Sie beim Kauf folgende Fragen stellen:

- **Wo kommt die Pflanze her?** »Aus heimischer Produktion« heißt nicht immer, dass die Pflanze nie im Ausland war. Sie muss sich nur größtenteils im Inland aufgehalten haben. Die Stecklinge können durchaus aus Uganda stammen.
- **Haben Sie sie selbst gezogen?** Kleine Spezialgärtnereien vermehren ihre Pflanzen oft auf ihrem eigenen Betriebsgelände. Auch Gartencenter arbeiten manchmal mit regionalen Produktionsgärtnereien zusammen, um möglichst kurze Transportwege zu haben.
- **Wurde sie mit Pestiziden behandelt?** Völlig unbehandelte Pflanzen werden Sie in einem Gartencenter kaum finden. Im gewerblichen Anbau stehen geringe Kosten und möglichst einfache Arbeitsabläufe an erster Stelle. Immer mehr kleine Betriebe arbeiten aber inzwischen biologisch, also ohne synthetische Pestizide. Suchen Sie im Netz nach Anbietern in Ihrer Nähe.
- **Wurde die Pflanze in torffreiem Substrat kultiviert?** Der Klimaschutzplan 2050 der deutschen Bundesregierung sieht eine schrittweise Abschaffung des Torfeinsatzes im privaten und gewerblichen Gartenbau vor. Derzeit allerdings werden Sie kaum Pflanzen in herkömmlichen Gartencentern finden, die in torffreiem Substrat wachsen. Kleine Produzenten und Biogärtnereien haben hier die Nase vorn.

ONLINE BESTELLEN

Regional erzeugte, biologisch und torffrei kultivierte Pflanzen aufzutreiben, kann eine echte Herausforderung sein. Zum Glück gibt es das Internet.

Eine bis zu Ihrer Haustür transportierte Pflanze von einem biologisch und torffrei arbeitenden Gärtner in einem anderen Bundesland kann eine bessere Klimabilanz haben als die, die Sie mit dem eigenen Pkw aus dem nächstgelegenen Gartencenter geholt haben.

Ideal sind Anbieter, die Pflanzen in Papier einschlagen, Versandkartons mit Altpapier auspolstern und kompostierbare Bioplastiktöpfe verwenden.

SAISONAL KAUFEN

Sie brauchen keine Pflanzen in Plastiktöpfen und Torfsubstrat zu kaufen: Greifen Sie lieber zu wurzelnackten Pflanzen, die im Spätherbst ausgegraben und in Zeitungspapier, Sackleinen oder Schachteln gesteckt wurden. Pflanzt man sie sofort ein, haben sie den ganzen Winter Zeit zum Einwurzeln.

Früher war der Pflanzenkauf eine ebenso saisonale Angelegenheit wie die Erdbeerernte. Vor 100 Jahren mussten sich Gartenbesitzer in Baumschulen oder Gärtnereien umsehen. Gefiel ihnen etwas, bestellten sie es vor und holten die Gewächse erst in dem Monat ab, in dem sie zur Verfügung standen.

Im Herbst ging es dann richtig zur Sache: In den Gärtnereien eilten die Angestellten mit Listen in der Hand herum, gruben die bestellten Pflanzen während der Vegetationsruhe in den Feldern vorsichtig aus, packten sie wurzelnackt in Kisten und versandten sie zu ihren Kunden, die sie sofort nach dem Eintreffen pflanzten.

WURZELNACKTE PFLANZEN LASSEN SICH VIEL **GÜNSTIGER TRANSPORTIEREN** ALS **TOPFPFLANZEN** UND HABEN DAHER EINE BESSERE **KLIMABILANZ.**

WIE IN ALTEN ZEITEN

Niemand kam auf die Idee, Pflanzen im Hochsommer zu kaufen – es gibt keinen schlechteren Pflanzzeitpunkt: Der Boden ist trocken, die Gewächse sind voll belaubt und die Wurzeln stark gestresst, weil sie im engen Topf eingezwängt sind. Viel besser ist der goldene Herbst, wenn Regen den warmen Boden weich macht und Pflanzen rascher einwachsen.

Im Zeitalter billiger, massenproduzierter Plastiktöpfe sind die alten Traditionen so gut wie vergessen. Aber es gibt sie noch. Und die Nachfrage nach wurzelnackten Pflanzen steigt, denn Plastikproduktion und Torfabbau stehen immer mehr in der Kritik.

Man kann fast alle Mehrjährigen wurzelnackt kaufen, angefangen von Himbeerruten und Rosen über Goldlack und Obststräucher bis zu Heckenpflanzen und Bäumen. Sogar Stauden bekommt man immer öfter ohne Erde untenrum, etwa Pfingstrosen, Iris, Storchschnäbel und Königskerzen.

BEI DER ANKUNFT

Die Saison für wurzelnackte Gewächse dauert vom Herbst bis zum Frühjahr. Die eintreffenden Pflanzen werden ausgepackt, eine Stunde in Wasser gelegt und sofort gepflanzt. Ist das nicht möglich, schlägt man sie eine Zeit lang in lockere Erde oder Kompost ein. Nachhaltiger kann Pflanzenkauf nicht sein.

»Besorgen Sie sich wurzelnackte Gewächse – nachhaltiger kann Pflanzenkauf nicht sein.«

PFLANZEN SELBST HERANZIEHEN

Die einzige Möglichkeit, garantiert Pflanzen mit dem geringstmöglichen CO_2-Fußabdruck zu bekommen, ist, sie eigenhändig zu vermehren – mit selbst gesammeltem Samen, Stecklingen und durch Teilung. So wissen Sie ganz genau, wo sie herkommen und wie sie kultiviert wurden.

Sie bekommen eine komplette neue Rabatte voller schöner Pflanzen quasi umsonst – und in der Gewissheit, dass es nicht nur Sie, sondern auch die Umwelt fast nichts gekostet hat. Ein bisschen Geduld ist dafür zwar nötig, aber zu wissen, dass die Pflanzen in Ihrem Garten alle Sie als Geburtshelfer hatten, gibt Ihnen ein gutes Gefühl, das sich schwer toppen lässt.

Am einfachsten ist es, bereits vorhandene Pflanzen zu vermehren. Aber wer die Artenpalette erweitern möchte, muss etwas erfindungsreicher sein. Freunde und Verwandte überlassen Ihnen sicher gern Stecklinge oder Saatgut (vielleicht für die eine oder andere Pflanze von Ihnen). Eine weitere Quelle sind Tauschbörsen und Gartenbauvereine – dort bekommt man mitunter auch seltenere Sorten.

TEILUNG

Die einfachste Form der Vermehrung von Stauden und Gräsern ist die Teilung. Die auf diese Weise neu gewonnenen Pflanzen blühen oft schon im ersten Jahr. Teilen lassen sich alle horstbildenden Stauden. Graben Sie dazu den Horst aus und trennen Sie faustgroße Stücke ab. Größere Horste müssen eventuell mit einem Spaten zerschnitten werden. Danach brauchen Sie nur noch jedes Einzelteil dorthin zu pflanzen, wo Sie es haben möchten.

AUSSAAT

Eine Handvoll Samen liefert mehr Pflanzen, als Sie kaufen können. Viele Stauden lassen sich gut durch Aussaat vermehren, darunter das Patagonische Eisenkraut (*Verbena bonariensis*), der Rote Scheinsonnenhut (*Echinacea purpurea*) und der Steppen-Salbei (*Salvia nemorosa*). Ausgesät wird im Frühjahr unter Glas in Schalen mit selbst gemischter Saaterde (siehe S. 134). Sobald die Sämlinge groß genug sind, vereinzelt man sie und pflanzt sie im Frühsommer ins Freie.

STECKLINGE

Grünstecklinge werden von frischem Wuchs im Frühjahr, halbreife Stecklinge im Sommer und Steckhölzer (von Sträuchern) im Winter genommen. Es dauert zwei bis drei Jahre, bis die Pflanzen eine gewisse Größe haben. Stecklinge kommen in ein durchlässiges Substrat aus 50:50 Sand und Komposterde, Steckhölzer zu zwei Dritteln in sandigen Boden.

SO VERMEHREN SIE PFLANZEN ÜBER HALBREIFE STECKLINGE

Halbreife Stecklinge wurzeln sehr schnell ein, denn man nimmt sie im Hochsommer von der Pflanze, wenn die Bedingungen optimal sind. Mit ihnen lassen sich etliche Pflanzen vermehren, etwa immergrüne Gehölze, Stauden und Kletterpflanzen.

1 *Im Hochsommer kräftige, nicht blühende Seitentriebe auswählen, die an der Basis bereits fest, an der Spitze aber noch weich sind. 10–15 cm lange Stecklinge abschneiden.*

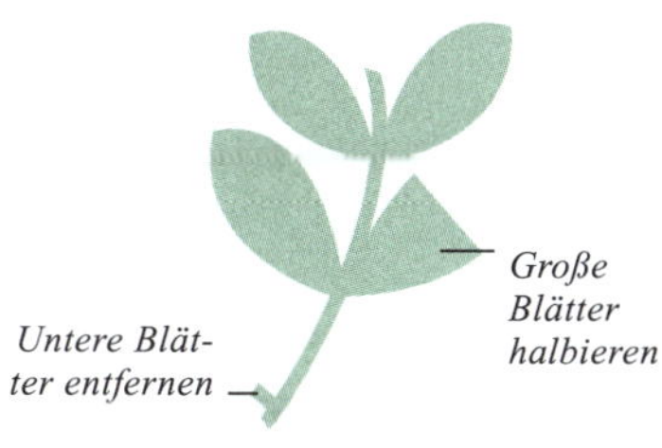

2 *Stiele bis knapp unter das unterste Blattpaar kürzen, Triebspitzen kappen und untere Blätter entfernen, sodass nur zwei bis drei Blattpaare bleiben. Größere Blätter halbieren.*

3 *Einen 10 cm breiten Topf mit sandigem Substrat füllen. Mit einem Stift sechs Löcher in die Erde stechen und je einen Steckling zur Hälfte hineinstecken. Erde andrücken und wässern.*

4 *Töpfe mit Stecklingen in einen Vermehrungskasten stellen – die Wärme dort fördert die Wurzelbildung. Nach sechs bis acht Wochen sollten bewurzelte Pflänzchen entstanden sein.*

KLIMAFREUNDLICHE AUSSTATTUNG

Es gibt viele Möglichkeiten, einen Garten so klimafreundlich wie möglich auszustatten, etwa durch Einkauf gebrauchter Werkzeuge ausschließlich vor Ort oder indem Sie das, was Sie brauchen, auf dem eigenen Grundstück zusammensuchen.

GEBRAUCHTES KAUFEN

Gartencenter bieten längst mehr als nur Pflanzen an. Unsere Freude am Gärtnern hat einen milliardenschweren Wirtschaftszweig entstehen lassen, der alle Bedürfnisse von Terrassenmöbeln bis zu Bindfadenknäueln befriedigt – und neue schafft.

Dieser florierende Sektor hat viel Gutes. Er bietet Hunderttausenden Arbeit, befeuert die Wirtschaft mit hohen Umsätzen und animiert alle, mehr zu gärtnern. Allerdings haben die Bemühungen der Branche, die Verkäufe immer mehr anzukurbeln, auch eine Kehrseite: den damit verbundenen hohen CO_2-Ausstoß.

Am verheerendsten fällt die Umweltbilanz aus, wenn man Geld für gut vermarktetes, aber schlecht gemachtes Zeug ausgibt, das nach einmaligem Gebrauch in der hintersten Schuppenecke verschwindet.

FÜR **GARTENAUSSTATTUNG** GEBEN WIR FAST DOPPELT SO VIEL AUS WIE FÜR **PFLANZEN.** 2020 WAREN ES FAST **1,8 MILLIARDEN EURO** (LEBENDES GRÜN: **1,08 MILLIARDEN EURO**).

Derlei Tand ist oft kurzlebig, etwa das farbenfrohe Plastikwerkzeug oder das aufklappbare PE-Minigewächshaus, das binnen Jahresfrist im Müll landet.

Wer Neues kauft, sollte das verantwortungsbewusst tun. Schaffen Sie sich nur an, was Sie wirklich brauchen, lassen Sie die Finger von Plastik (als Ware wie Verpackung) und entscheiden Sie sich für die bestmögliche Qualität, um viele Jahre lang Freude an Ihrer Anschaffung zu haben.

BEWÄHRT UND GELIEBT

Neues ist immer stark CO_2-belastet, denn nach der Herstellung benutzt es oft lediglich eine einzige Person, die es irgendwann wegwirft. Auf die Lebensdauer des Artikels umgerechnet wird also in kurzer Zeit viel Energie und Rohstoff verbraucht.

Es gibt jedoch eine klimafreundliche Alternative, die auch viel mehr Spaß macht. Der Einkauf von Gebrauchtem ist wie eine Schatzsuche: Man weiß

»Der Einkauf von Gebrauchtem ist wie eine Schatzsuche.«

nie so recht, was man findet, macht aber immer wieder echte Entdeckungen. Ganz ohne CO_2-Verbrauch geht es zwar auch hier nicht, aber das Wiederverwenden, Reparieren und Umfunktionieren ist Teil einer Kreislaufwirtschaft mit dem Ziel, etwas möglichst lange zu nutzen.

Damit bekommt das Gärtnern eine ganz neue Qualität: Mit einem von der Zeit veredelten Werkzeug halten Sie Geschichte in den Händen. Eine alte Bank, ein Secondhand-Tisch, ein gebrauchter Tontopf fügen sich sofort in die Gartenlandschaft ein, als seien sie schon immer dort gewesen. Selbst Alltagsgegenstände kosten gebraucht oft nur einen Bruchteil.

WER SUCHT, DER FINDET

- **Online-Auktionen und Gebrauchtwarenbörsen:** Auf Ebay, Quoka oder Facebook Marketplace findet man zuhauf Secondhand-Ware für den Garten – oft sogar in der näheren Umgebung.
- **Antiquitätenhändler und Secondhand-Läden:** Spezialhändler bieten Vintage-Material an, manche auch online. Man zahlt mehr, bekommt aber oft echte Schätze.
- **Wertstoffhöfe und Schrottplätze:** Sie sind ergiebige Jagdgründe für alle, die nach Retro-Utensilien und wiederverwertbaren landwirtschaftlichen Geräten suchen.
- **Versteigerungen und Flohmärkte:** Hier treibt man immer wieder spottbillige Geräte auf, die überwiegend aus Haushaltsauflösungen stammen.
- **Reparaturwerkstätten:** Bei örtlichen Reparaturdiensten werden oft generalüberholte Gartengeräte angeboten – und jede Menge sonstige Ausrüstung für Hobbygärtner.

HANDWERKER VOR ORT UNTERSTÜTZEN

Eine Möglichkeit, das Einkaufen zum Erlebnis zu machen und gleichzeitig nachhaltiges und möglichst klimafreundlich hergestelltes Zubehör zu bekommen, ist der Gang zu Handwerkern und Kleinanbietern vor Ort, die Gartengeräte in Handarbeit herstellen.

Traditionell arbeitende Betriebe, die noch alles in Kleinarbeit erzeugen, sind im Zeitalter der billigen Massenproduktion schon fast verschwunden. Für Hobbygärtner heißt das konkret: Siebmacher, Zaunflechter und Spezialschmiede für Gartengeräte sind zu raren Exoten geworden.

Trotzdem kann man noch solche aus der Zeit gefallenen Berufe finden. Eisenschmiede, Tischler, Drechsler, Steinmetze, Reetdachdecker und Natursteinmaurer gibt es weiterhin – vielleicht gar nicht so weit von Ihnen entfernt. Sie alle tragen gern dazu bei, Ihre Gartenträume mit regional gewonnenen, nachhaltigen Materialien zu verwirklichen, deren CO_2-Bilanz wesentlich besser als die von industriell produzierten Geräten ist.

LOKALES TRADITIONSGEWERBE UNTERSTÜTZEN

Durch den Kauf von kleingewerblich bzw. kunsthandwerklich erzeugten Gartenutensilien unterstützen Sie die lokale und regionale Wirtschaft und halten die Traditionen in Ihrer Gegend lebendig. Damit bekommt auch Ihr Garten einen ganz neuen Stellenwert als harmonisch in die Umgebung eingebettetes Element.

KUNSTHANDWERKERMÄRKTE

Auf lokalen Gewerbeausstellungen und Kunsthandwerkermärkten kann man noch Spezialherstellern begegnen. Über Verzeichnisse wie das Kunsthandwerkerportal (www.kunsthandwerkerportal.de) können Sie Werkstätten in Ihrer Nähe finden. Auch Handwerkskammern und örtliche Gartenbau- bzw. Hobbygärtner-Vereine geben Auskunft.

Manchmal reicht es sogar schon, Ausschau nach nachhaltig produziertem Gartenzubehör im eigenen Land zu halten, statt die eigene CO_2-Bilanz mit importierten Waren aus anderen Kontinenten in schwindelerregende Höhen zu treiben. Renommierte Traditionsbetriebe wie Krumpholz in der kleinen Marktgemeinde Grafengehaig im oberfränkischen Landkreis Kulmbach etwa fertigen seit über 200 Jahren hochwertiges Gartenwerkzeug in eigenen Werkstätten. Die Klimabilanz dieser jahrzehnte-, ja, jahrhundertelang haltbaren Geräte ist wesentlich besser als die von Billigprodukten aus China, die nach mehrmaligem intensivem Einsatz im Garten den Geist aufgeben und im Müll landen.

»Durch den Kauf von kleingewerblich erzeugten Utensilien unterstützen Sie die regionale Wirtschaft und halten Traditionen lebendig.«

ZUBEHÖR AUS DEM EIGENEN GARTEN

Das klimafreundlichste Gartencenter ist das hinter Ihrem Haus: Ihr eigener Garten. Er versorgt Sie mit einem Großteil dessen, was Sie an Stützen, Kompost, Düngern und Etiketten brauchen – und sogar einigen dekorativen Gestaltungselementen dazu.

Sie können Dünger herstellen (S. 106), eigenes Saatgut sammeln (S. 76), Topferde selbst mischen (S. 126) – und all das somit von Ihrer Einkaufsliste für das Gartencenter streichen. Wenn Sie Ihren Garten noch mit Pflanzen wie Haseln (*Corylus avellana*), Weiden (*Salix*), Hartriegeln (*Cornus*) und Neuseeländer Flachs (*Phormium tenax*) bestücken, sieht er nicht nur gut aus, sondern versorgt Sie auch mit allerlei Nützlichem.

EIN **REGELMÄSSIG** AUF DEN STOCK GESETZTER **HASELSTRAUCH** KANN BIS ZU **500 JAHRE ALT** WERDEN.

HAUSGEMACHTES

- **Bohnenstangen:** Setzen Sie Haseln auf den Stock (S. 32). So bekommen Sie kerzengerade Ruten. Ideal sind dreijährige, im Spätwinter geschnittene Triebe mit 3–5 cm Durchmesser. Das dünne obere Ende wird abgeschnitten (und als Ministütze für Erbsen aufgehoben). Die Ruten sollten etwa 2,5 m lang sein.
- **Pflanzenetiketten:** Schneiden Sie etwa 10 cm lange Haselzweige mit 2 cm Durchmesser und schnitzen Sie die Borke an einem Ende mit einem scharfen Messer weg, sodass eine glatte Fläche entsteht. Da die Stöcke Wasser aufsaugen, verschwimmt die Beschriftung, weshalb man sie mit einem Lack auf Wasserbasis imprägniert oder an die Pflanze bindet, statt sie in die Erde zu stecken.
- **Gartenschnur:** Neuseeländer Flachs ist nicht nur hübsch anzusehen, seine derben, faserigen Blätter liefern auch den Rohstoff für viele Meter Bindfaden. Schneiden Sie ein Blatt am Ansatz ab, teilen Sie es der Länge nach und schälen Sie die langen, fädigen Fasern am Rand ab.
- **Zäune und Kletterhilfen:** Haseln, Weiden und Hartriegel liefern Material für Zäune, Bögen und Rankhilfen. Man kann junge Weiden- oder Hartriegelruten zwischen aufrechte Haselstöcke flechten oder gerade Haselruten mit Bindfäden zu einem einfachen Gitter zusammenbinden.
- **Beschattung fürs Gewächshaus:** Ziehen Sie Feuerbohnen auf der sonnigen Seite des Gewächshauses an Schnüren nach oben, damit sie die Pflanzen im Inneren beschatten. Im Herbst werden sie entfernt.

EINE STÜTZE FÜR DUFTWICKEN BASTELN

Eine dekorative, haltbare Stütze für Duftwicken, Kletterbohnen und andere einjährige Kletterpflanzen bekommen Sie, wenn Sie kräftige Haselruten mit jungen, biegsamen Weiden- oder Hartriegelzweigen verweben.

1 *6–8 gerade Haselruten mit 2–3 cm Durchmesser schneiden. Auf dieselbe Länge einkürzen – etwa 1,8 m.*

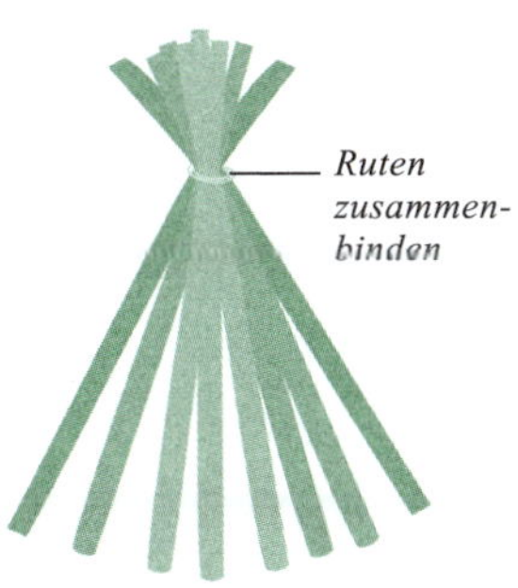

2 *Ruten fest kreisförmig in den Boden drücken, sodass sie sich am oberen Ende wie ein Wigwam kreuzen. Mit einer Schnur gut zusammenbinden.*

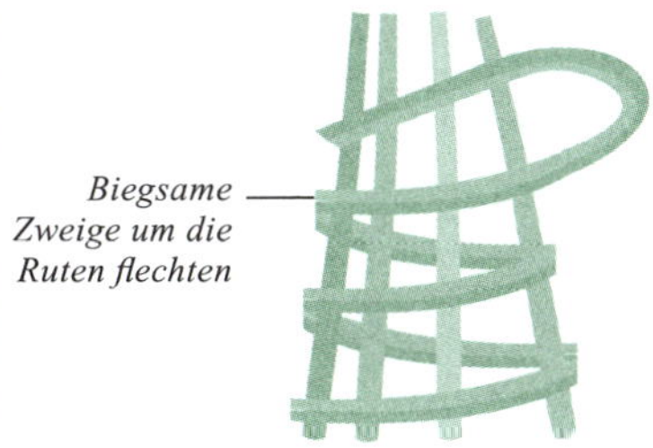

3 *Die farbenfrohen Ruten von jungen Weiden oder Hartriegeln innen und außen um die aufrechten Haselruten flechten.* Cornus alba *'Sibirica' hat leuchtend hellrote,* Salix alba *var.* vitellina *goldgelbe Triebe.*

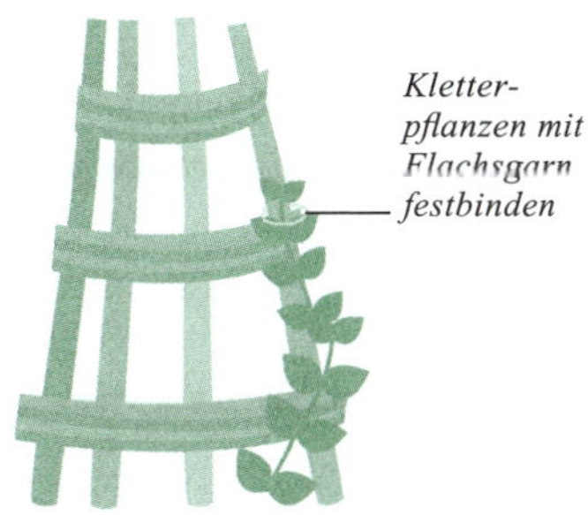

4 *Ein, zwei Pflänzchen neben jede aufrechte Stützrute pflanzen und gut einwässern. Triebe nach und nach mit Flachsgarn an die Ruten binden.*

GARTENABFÄLLE

In einem klimafreundlichen Garten gibt es so etwas wie Gartenabfälle nicht – lediglich eine Ansammlung nützlicher Materialien, mit denen sich noch mehr Kohlenstoff im Erdreich binden lässt.

GARTENABFÄLLE? GIBT'S NICHT!

Gartenabfälle gibt es nicht. Das zu glauben wird Ihnen schwerfallen, wenn Sie gerade einen Schubkarren voller Unkräuter aus dem Gemüsebeet wegschaffen. Aber wenn Sie die »Abfälle« stattdessen als nützliches Material sehen, wollen Sie sogar noch mehr davon.

Die traditionellen Methoden der Entsorgung von Gartenabfällen sind allesamt nicht umweltfreundlich. Das Verbrennen setzt Ruß, also Kohlenstoff, frei, der die Luft verschmutzt und den Klimawandel verschlimmert. Der Transport zum Wertstoffhof mit dem eigenen Auto verursacht Abgase aus fossilen Brennstoffen, ebenso der Transport vom Wertstoffhof zur Kompostieranlage. Selbst beim Abholen der Biotonne durch die Müllabfuhr fallen Transportkosten an – ganz zu schweigen von den Müllgebühren, die die Gemeinde dafür erhebt.

ALLEIN BEI DER **VERWERTUNG** VON BIOABFALL IN **KOMPOSTIERANLAGEN** WERDEN PRO **TONNE** ABFALL ETWA 150 KG **CO_2** UND **500 MEGAJOULE ENERGIE** EINGESPART.

Die Entsorgung von Gartenabfällen auf dem eigenen Grund hingegen ist klimapositiv, denn es wird der gesamte darin enthaltene Kohlenstoff wieder dem Boden zugeführt. Wenn Grünabfälle Ihren Garten verlassen, können damit Krankheiten und invasive Pflanzen nach draußen entwischen. Einer wissenschaftlichen Studie zufolge sind fast ein Drittel des schwer zu bekämpfenden Japanischen Staudenknöterichs und nahezu 20 Prozent der Herkulesstaude durch Gartenabfälle in die freie Natur gelangt.

WOHIN MIT DEM ABFALL?

- **Laub und weiche Triebe:** Mehr als 90 Prozent unserer Gartenabfälle bestehen aus »nassem« Grün, also stickstoffreichen Blütenresten, Laub, Grasschnitt und Unkräutern. Das ist vorzügliches Material für den Kompost. Auch junge einjährige Kräuter und der oberirdische Wuchs mehrjähriger gehören dazu.
- **Holzige Triebe:** Schneiden Sie Gemüse- und Staudenreste wie Gehölzzweige mit einem Durch-

»Die traditionellen Methoden der Entsorgung von Gartenabfällen sind allesamt nicht umweltfreundlich.«

messer von weniger als 2 cm. Sie werden kompostiert, als Mulch auf Rabatten gestreut oder als Wegbelag verwendet. Dickere Zweige kann man für Naturzäune verwenden (siehe S. 52) oder zu Holzstößen aufschichten (siehe S. 176).

- **Abgestorbene Bäume:** Stümpfe enthalten Unmengen Kohlenstoff. Lässt man sie verrotten, bewahrt man die Atmosphäre auf Jahrzehnte vor Kohlenstoff und bietet etlichen Tierarten eine Fünf-Sterne-Unterkunft. Stümpfe sollten nur ausgegraben werden, wenn sie mit Hallimasch infiziert sind und man seine Ausbreitung verhindern möchte.
- **Mehrjährige Unkräuter und Unkrautsamen:** Die Wurzeln mehrjähriger Unkräuter wie Winde, Ampfer und Quecke treiben wieder aus, wenn man sie auf den Komposthaufen wirft. Das gilt auch für die Samen einjähriger Unkräuter wie Winterkresse. Deshalb steckt man sie alle in einen Eimer, füllt ihn mit Wasser und lässt sie darin verrotten. Nach einem Monat sind sie abgestorben und können gefahrlos kompostiert werden.
- **Kranke Pflanzenreste:** Die meisten durch Wasser übertragenen Pilz-Blattkrankheiten wie Mehltau, Rost und Krautfäule überleben es nicht, wenn das Material, auf dem sie sich festgesetzt haben, zersetzt wird. Es kann daher kompostiert werden. Der Sternrußtau der Rose ist hartnäckiger, weshalb befallenes Laub mindestens 30 cm tief vergraben werden muss. Nur krankes Holz und Pflanzen, die mit bodenbürtigen Krankheiten infiziert sind, bringt man zum Wertstoffhof.

Lassen Sie Stümpfe im Boden verrotten.

KOMPOST ANSETZEN

Garten-»Abfälle« werden zum wertvollen Gut, wenn sie sich in selbst angesetzten Kompost verwandeln. Er ist das Zaubermittel, mit dem man jeden Boden in einen reichen Lebensraum für Pflanzen verwandelt.

Erstaunlicherweise bestehen noch immer fast 40 Prozent unseres Restmülls aus Bioabfällen, die eigentlich hätten kompostiert werden können. Sie wandern in Verbrennungsanlagen oder auf Deponien, wo sie unter anaeroben Bedingungen von Mikroben, die Methan erzeugen, zersetzt werden. Methan ist in den ersten zwei Jahrzehnten nach seiner Freisetzung ein mehr als 80-mal schädlicheres Treibhausgas als Kohlendioxid.

MIT **KOMPOST** GEMULCHTER BODEN SPEICHERT **REGENWASSER** UND **NÄHRSTOFFE** BESSER.

In einem Komposter sind andere Mikroorganismen am Werk. Sie zersetzen die Gartenabfälle mithilfe von Sauerstoff und verwandeln sie in dunkelbraune Komposterde. Dabei entsteht zwar eine kleine Menge Kohlendioxid, doch wird sie mehr als ausgeglichen dadurch, dass Kompost dem Garten hilft, Kohlenstoff zu speichern.

Mit Kompost gemulchter Boden hat eine größere Bioaktivität und lässt Pflanzen besser wachsen, sodass sie mehr Kohlenstoff absorbieren. Er speichert außerdem Regenwasser und Nährstoffe besser, weshalb man weniger wässern und düngen muss.

WAS WIRD KOMPOSTIERT?

Alle rohen Gemüsereste ergeben guten Kompost. Fleisch-, Fisch- und Milchprodukte gehören nicht auf den Komposter, denn sie stinken und locken Ungeziefer an. Das gilt auch für Fette und Öle. Einen Teil davon kann man stattdessen in einen Wurmkomposter geben (siehe S. 108–109). Stallmist und Einstreu dürfen auf den Komposter, nicht aber Katzen- und Hundekot, der mit Keimen und Parasiten belastet sein kann.

Das Gros des Materials, das auf den Komposthaufen wandert, wird jedoch aus dem Garten stammen. Holzige Reste kommen klein geschnipselt ebenso mit hinein wie nicht blühende einjährige Kräuter und der oberirdische Wuchs von Nesseln, Winden und Giersch. Selbst die Wurzeln von mehrjährigen Kräutern dürfen mit dazu, wenn man sie vorher ertränkt (siehe S. 173) oder trocknet.

Material, das von Pilzkrankheiten wie Fäule, Rost und Mehltau befallen ist, lässt sich ebenfalls kompostieren, denn die Pilze überleben nicht lange.

WIE MAN KOMPOSTIERT

Konstruieren Sie zuerst einen Komposter aus gebrauchten, unbehandelten Brettern, die mit 1 cm Abstand zueinander an vier aufrechte Pfosten genagelt werden, oder schrauben Sie vier Paletten zu einer Box zusammen.

1 *Komposter allmählich füllen. Nach Möglichkeit eine 1:1-Mischung aus rasch verrottendem »grünem« Material (Grasschnitt, Laub, Gemüsereste) und langsamer verrottendem »braunem« Material (holzige Pflanzenreste, Stroh, geschreddertes Papier) anstreben.*

2 *Ist der Komposter voll, den Inhalt gut anfeuchten, falls er zu trocken ist, und mit Karton abdecken, damit sich keine Unkrautsamen festsetzen.*

3 *Den Inhalt ein- oder zweimal wenden, damit sich die Mikroorganismen gut vermehren. Dazu alles mit der Gabel herausheben, wieder hineinwerfen und ggf. noch einmal wässern.*

4 *Komposthaufen dürfen nicht stinken. Tun sie es doch oder wird der Inhalt schleimig, ist das ein Zeichen, dass er sich anaerob zersetzt und Methan frei wird. Dann wendet man ihn und mischt mehr »braunes« Material dazu.*

5 *Nach 6–12 Monaten (je nachdem, wie oft man den Inhalt wendet) sollte sich eine schöne dunkelbraune, krümelige Substanz gebildet haben und das ursprünglich Hineingeworfene nicht mehr identifizierbar sein. Jetzt kann der Kompost verwendet werden.*

EINEN HOLZHAUFEN ANLEGEN

Statt sperrigen Schnittabfall zu entsorgen, stapeln Sie ihn lieber in einer Ecke Ihres Gartens. So entsteht ein wertvoller Lebensraum für zahlreiche Tiere wie Kleinsäuger und Insekten, aber auch für Moose, Flechten und Pilze.

Gehölze zurechtzustutzen ist für viele Gartenbesitzer ein Genuss. Es macht einfach Spaß, einen zu groß gewordenen Fliederbusch im Sommer in Form zu bringen oder einen jungen Apfelbaum im Dezember zu formen. Dabei fällt allerdings reichlich Abfall an.

NOCH NIE GAB ES IN **WÄLDERN** SO WENIG **TOTHOLZ** – IN **EUROPA** WENIGER ALS **5 PROZENT** DESSEN, **WAS UNTER NATÜRLICHEN BEDINGUNGEN HERUMLIEGEN WÜRDE.**

Viele beladen anschließend ihr Auto mit dem Schnittabfall und bringen ihn zum Wertstoffhof. Wer die Äste aber behält, befördert den darin gebundenen Kohlenstoff wieder in die Erde zurück und schafft zudem einen der bedrohtesten Lebensräume der Welt.

Totholz ist aus unseren Landschaften weitgehend verschwunden, denn Gartenbesitzer und Parkpersonal räumen es weg, weil es angeblich unordentlich aussieht oder ein Krankheitshort sein könnte. So findet man kaum noch abgefallene Äste und umgestürzte Bäume, die herumliegen.

HAUFENWEISE HAUFENBEWOHNER

Hunderte Tierarten und Mikroorganismen brauchen Totholz zum Überleben. Dieses reichhaltige Habitat macht eine jahrzehntelange Entwicklung durch. In jedem Stadium der Zersetzung mischen andere Organismen mit.

Während das Holz abstirbt, treten zunächst Baumpilze auf den Plan. Sie bauen die äußeren Ligninschichten ab. Dann marschieren Käfer auf, etwa Seltenheiten wie der prächtige, 5 cm lange Hirschkäfer. Ihnen auf dem Fuß folgen ihre Fressfeinde: Frösche, Kröten und Blindschleichen suchen gern im Dunkel der Haufen Schutz und Nahrung. Ideal wäre es, einen abgestorbenen Baum stehen zu lassen (sofern sicher), damit Vögel wie Spechte, Baumläufer und Eulen einziehen können. Sie alle bieten Ihnen Gratis-Schädlingsbekämpfung.

Gäbe es in jedem der 17 Millionen deutschen Gärten mindestens einen Holzhaufen, wäre die Zukunft aller Kreaturen, die ihn als Zuhause brauchen, gesichert. Zersetzt sich Holz, gibt es dem Boden kohlenstoffreiche Biomasse zurück. Damit bekämpft man aktiv den Klimawandel – und spart sich den Gang zum Wertstoffhof.

SO LEGEN SIE EINEN HOLZ-HAUFEN AN

Suchen Sie einen Platz ein Stück weit vom Haus im Streuschatten, denn volle Sonne trocknet den Haufen zu sehr aus. Im Vollschatten dagegen ist es vielen Insekten und Reptilien zu kühl.

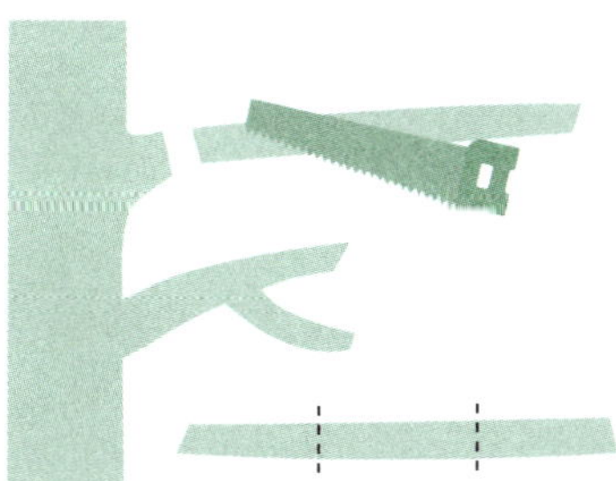

1 *Den holzigen Schnittabfall auf etwa 1 m Länge einkürzen. Auch kürzere Stücke sind okay, solange sie zwischen die größeren gesteckt werden können.*

2 *Die dicksten Hölzer ganz unten stapeln und zum größten Teil eingraben, damit sie feucht bleiben.*

3 *Weitere Stücke auf die unterste Schicht stapeln, sodass eine Pyramide entsteht. Man muss nicht dicht stapeln: Zwischenräume sind eine Einladung für Tiere, hineinzukriechen.*

4 *Nicht zu hoch stapeln, da das obere Ende sonst austrocknet. Viele kleine Stapel sind besser als ein großer.*

5 *An manchen Stellen Erde einfüllen. An die Ränder Schattenpflanzen wie Farne und Schlüsselblumen pflanzen.*

MIT SCHNITTABFALL MULCHEN

Mulch hat viele Vorteile: Er bewahrt Feuchtigkeit im Boden, unterdrückt Unkraut und schützt Pflanzen vor Wetterextremen. Aber es gibt keinen Grund, deshalb ins Gartencenter zu eilen. Sparen Sie sich das Geld und tun Sie der Umwelt Gutes, indem Sie Ihren Mulch aus Gartenabfällen selbst herstellen.

Ein direkterer Weg, Gartenabfälle dem Boden zurückzugeben, ist, sie auf dem Boden zu verteilen. Wenn man sie unverarbeitet lässt, sieht das allerdings etwas ungepflegt aus. Deshalb kürzt man den Schnittabfall nach Möglichkeit schon beim Schneiden in kurze Stücke. Größere Mengen werden besser gehäckselt, idealerweise mit einem elektrischen Häcksler, der mit Strom aus erneuerbaren Energiequellen betrieben wird.

Das ergibt einen dichten, holzigen Mulch, der im Garten hervorragende Dienste leistet. Eine großzügige, 10–15 cm dicke Schicht legt sich wie eine Bettdecke auf den Boden und schützt ihn vor rauem Winterwetter, verhindert die Verdunstung von Bodenfeuchtigkeit und hält Unkräuter im Zaum. Gleichzeitig geben die Holzschnipsel den in ihnen enthaltenen Kohlenstoff dem Boden zurück. Idealerweise wird der Schnittabfall vorher jedoch noch drei, vier Monate gelagert, damit sich eventuelle toxische Verbindungen verflüchtigen. In den Boden einarbeiten darf man holzhaltigen Mulch allerdings nicht, denn er zersetzt sich im Erdreich und entzieht ihm dabei Stickstoff, was zu einem vorübergehenden Nährstoffmangel bei den darin wachsenden Pflanzen führen kann.

EIN **GUT GEMULCHTES** BEET LIEFERT UM MINDESTENS **50 PROZENT** HÖHERE GEMÜSEERTRÄGE ALS EIN **UNGEMULCHTES.**

MULCHWEGE ANLEGEN

Selbst erzeugter holziger Mulch ist ein hervorragender kostenloser Belag für Gartenwege. Verwenden Sie frische Hackschnitzel, sodass besonders weiche, natürliche Wege entstehen. Davor muss der Boden noch geebnet und gejätet werden: Eventuell vorhandenes Gras mäht man so kurz wie möglich. Decken Sie den Weg vorher außerdem mit Karton ab, damit nichts hindurchwachsen kann.

Gesäumt werden Hackschnitzelwege am besten mit Brettern, gebrauchten Mauerziegeln oder Steinen. Anschließend bestreut man die Fläche mindestens 10 cm dick mit Holzmulch. Die Schicht muss im Lauf der Saison gelegentlich nachgefüllt werden.

**»Hackschnitzel-
mulch hält
besonders lang,
weil er sich
nur langsam
zersetzt.«**

EINS DRAUFGESETZT

Ihr Garten enthält viele Ressourcen, die dazu beitragen können, Kohlenstoffemissionen zu senken – nicht nur beim Gärtnern, sondern in allen Lebenslagen.

TEES UND HEILKRÄUTER

Hausgemacht ist klimafreundlich. Wer etwas mit Zutaten aus dem eigenen Garten eigenhändig zubereitet, vermeidet sämtliche Emissionen, die mit Herstellung, Verpackung, Transport und Verkauf von Handelsware verbunden sind.

Die meisten Kohlenstoffemissionen, die auf Ihr Konto gehen, finden jenseits Ihres Gartenzauns statt. Wenn Sie Ihrem Tagwerk nachgehen, Haus und Wohnung heizen (oder klimatisieren), einkaufen gehen, pendeln und Ihr Leben leben, produzieren Sie ständig Treibhausgase, die in die Atmosphäre abgegeben werden.

STUDIEN ZUFOLGE WIRKT SICH **SALBEI** POSITIV AUF **HERZ,** DICKDARM UND DIE **KOGNITIVEN FÄHIGKEITEN** AUS.

Mit dem Umstieg auf nachhaltigere Energiequellen gehen die Emissionen stetig, aber trotzdem nicht schnell genug zurück. Wir alle müssen uns stärker unseres Ressourcenverbrauchs bewusst werden. Ein Garten kann dazu beitragen, diesen Verbrauch zu senken.

Natürlich kann man nicht alle Alltagsgegenstände selbst erzeugen, doch schon ein bisschen hilft. Außerdem kann das Herstellen eigener Seifen oder das Zubereiten von Tee aus selbst gezogenen Kräutern so viel Spaß machen, dass man es nicht mehr missen möchte und die Selbstversorgung zur festen Gewohnheit sowie zur Basis eines klimafreundlichen Lebens wird.

TEE AUS DEM EIGENEN GARTEN

Schwarzer Tee stammt vom subtropischen immergrünen Teestrauch *Camellia sinensis*. Er ist in unseren

Breiten nicht winterhart und kann daher nur im Topf kultiviert werden.

Leichter hat man es mit Kräutertees. Sie werden im eigenen Garten geerntet und mit kochendem Wasser aufgegossen. Hier die besten:

- **Pfefferminze** (*Mentha × piperita*): Pfefferminztee ist ein Stärkungsmittel und fördert die Verdauung. Man trinkt ihn am besten nach dem Essen.
- **Kamille** (*Matricaria recutita*): Ein Teelöffel getrockneter Kamilleblü-

»Selbstversorgung kann zur festen Gewohnheit und damit zur Basis eines klimafreundlichen Lebens werden.«

ten lässt sich zu einem beruhigenden, entspannenden Tee aufgießen.

- **Rosmarin** (*Salvia rosmarinus*): Eine Tasse Rosmarintee regt an und verbessert das Gedächtnis.

HAUTPFLEGEMITTEL, SELBST GEMACHT

Die Ingredienzen in handelsüblichen Beauty-Produkten sind nicht immer unbedenklich. Stellen Sie Ihre Pflegemittel selbst her – nicht nur Feuchtigkeitscremes, sondern auch Shampoo, Seife und Badeöl.

- **Seifenkraut** (*Saponaria officinalis*): Die Wurzeln und Blätter der rosa blühenden Staude ergeben ausgezeichnete Shampoos und Seifen.
- **Lavendel** (*Lavandula angustifolia*): Hängen Sie ein Säckchen mit getrockneten Lavendelblüten unter den Hahn und lassen Sie sich ein beruhigendes, duftendes heißes Zubettgehbad ein.
- **Ringelblume** (*Calendula officinalis*): Die fröhlichen orangen oder gelben Blüten sind ideal in milden Cremes für die empfindliche Haut.

KRÄUTERAPOTHEKE AUS DEM EIGENEN GARTEN

Die Wirksamkeit selbst hergestellter Kräuterarzneien ist begrenzt: Bei ernsthaften Erkrankungen sollte man immer einen Arzt aufsuchen. Kleinere Alltagswehwehchen dagegen kann man durchaus mit Kräutern aus der Naturapotheke lindern.

- **Aloe vera:** Der Saft dieser Sukkulente ist ein natürliches Heilgel. Man bricht die Blätter einfach auf und reibt ihn auf geringfügige Verbrennungen und Sonnenbrand.
- **Salbei** (*Salvia officinalis*): Ein Kräutertee aus den Blättern dieses winterharten immergrünen Halbstrauchs lindert, dreimal am Tag gegurgelt, Halsschmerzen.
- **Hagebutten:** Traditioneller Hagebuttensirup ist eine echte Vitamin-C-Bombe und bringt das Immunsystem in Schwung. Ein Löffel jeden Morgen wirkt wie eine Vitaminspritze. Für die Zubereitung eignen sich die Hagebutten aller Rosen, aber *Rosa rugosa* hat die größten und dicksten.

SCHNITTBLUMEN AUS DEM EIGENEN GARTEN

Mit dem Anbau von Gemüse (S. 70–77) tun Sie bereits viel gegen den Klimawandel. Und wenn Sie häufiger Blumen aus dem Supermarkt mitnehmen, können Sie Ihre CO_2-Bilanz noch mehr verbessern, indem Sie auch Schnittblumen selbst ziehen.

Schnittblumen, außerhalb der Saison gekauft, gehören zu den am stärksten CO_2-belasteten Dingen im Handel. Eine rekordverdächtig schlechte Klimabilanz etwa haben Lilien aus den Niederlanden: Sie sind mit fast 3,5 kg pro Blume belastet, da sie im beheizten Gewächshaus kultiviert werden. Rosen und Schleierkraut aus Kenia, per Luftfracht nach Europa transportiert, schlagen mit etwa 2,4 kg pro Stängel zu Buche.

IN DEN **USA** VERURSACHEN FÜR DEN **VALENTINSTAG** KULTIVIERTE **ROSEN** RUND **9000 TONNEN** KOHLENSTOFF**EMISSIONEN.**

KLIMAFREUNDLICHE BLÜTEN

Nur ein Zehntel dieser Emissionen verursachen regionale, saisonale Sträuße. Am besten aber schneiden Blumen aus dem eigenen Garten ab. Hält man sich dabei an die hier empfohlenen Methoden, kommt man mit einem Bruchteil der Emissionen gekaufter Blüten davon.

- **Pflücken Sie bestehende Blumen:** Am einfachsten füllt man seine Wohnung mit Blüten, wenn man pflückt, was gerade draußen blüht. So holen Sie sich ein Stück Garten nach drinnen.
- **Setzen Sie auf Mehrjährige:** Eine Pflanzung aus langlebigen Blütensträuchern und -stauden bindet nicht nur Kohlenstoff, sie versorgt Sie auch eine ganze Saison lang. Kombinieren Sie Rosen, Hortensien und Flieder mit langstängeligen Stauden wie Akelei, Phlox, Bartfaden und Sonnenblume.
- **Ziehen Sie winterharte Einjährige:** Wer es wilder mag, füllt ein Beet mit direkt ausgesäten Einjährigen. Wenn Sie Samen selbst sammeln, bleiben Sie sogar CO_2-neutral. Die Aussaat im nächsten Jahr liefert zwar nicht exakt dieselben Blüten, doch gerade das ist der Reiz des Ganzen. Empfehlenswert: Duftwicken, *Cosmos bipinnatus* und Mohn.
- **Pflanzen Sie Rosen:** Folgende Sorten eignen sich vorzüglich als Schnittblumen: *Rosa xanthina* 'Canary Bird', 'Cardinal de Richelieu', 'Tuscany Superb', 'Charles de Mills', *Rosa gallica* 'Versicolor' (alias *Rosa mundi*), 'New Dawn' und 'Souvenir du Docteur Jamain'.

EINEN QUADRATGARTEN ANLEGEN

Das Square Foot Gardening, eine Idee aus den USA, bei der möglichst viel auf engstem Raum kultiviert wird, ist zwar für die Gemüsekultur gedacht, funktioniert aber auch bei Schnittblumen.

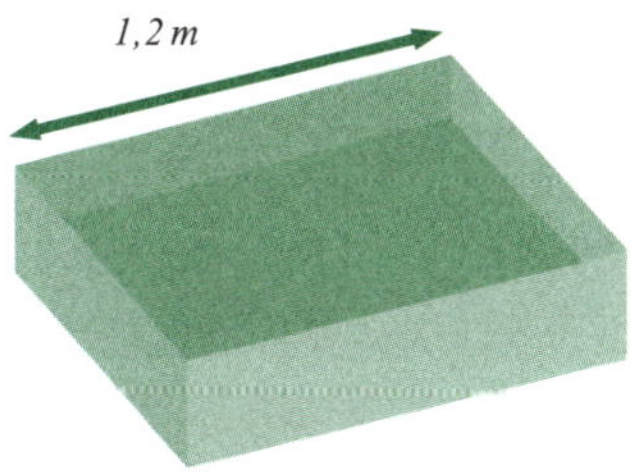

1 *Ein Hochbeet mit mindestens 1,2 m Kantenlänge anlegen und mit einem 1:1-Mix aus Gartenerde und selbst angesetztem Kompost füllen.*

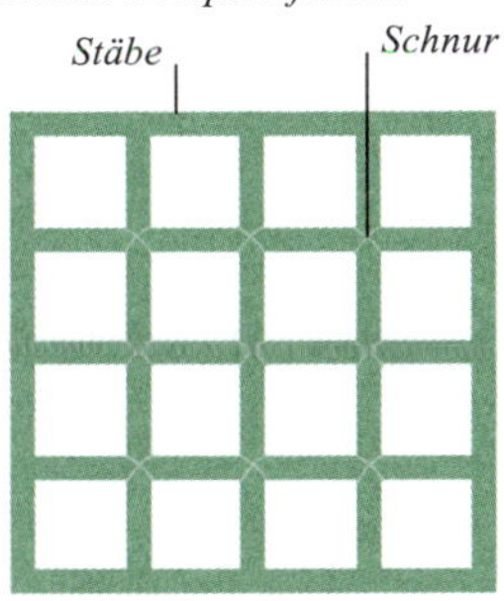

2 *Schnüre zwischen Stäbe spannen und das Beet so in mindestens 30 × 30 cm große Quadrate teilen. Je größer die Fläche ist, desto mehr Blumen kann man ernten.*

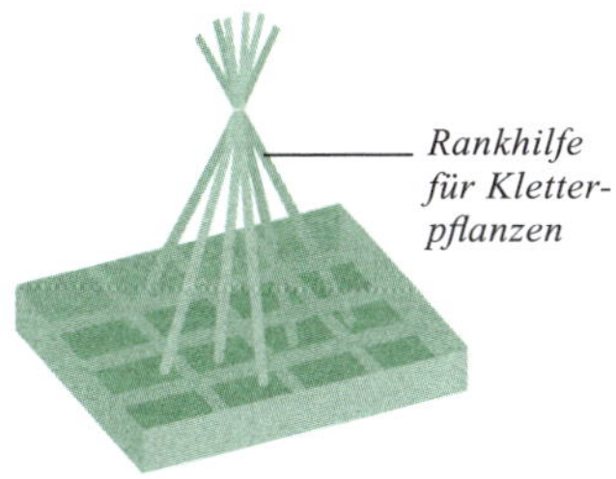

3 *Stützen für Kletterpflanzen wie Duftwicken aufstellen. Dazu 1,8 m lange Haselstöcke in vier Quadrate drücken und oben zusammenbinden. Neben jeden Stock zwei Samen säen.*

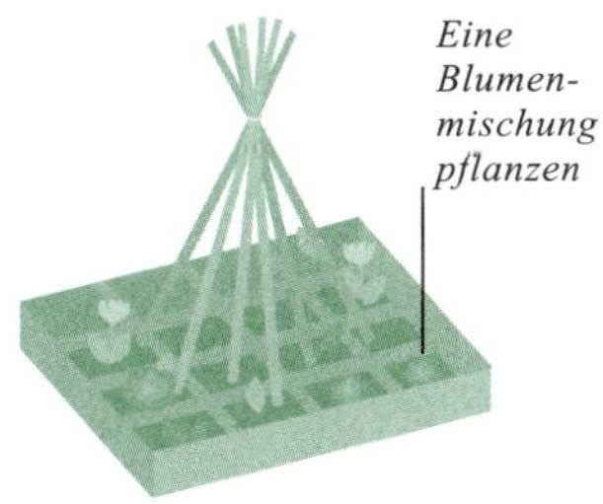

4 *Jedes Quadrat mit anderen Blumen füllen. In eine 30 × 30 cm große Zelle passen vier Einjährige oder eine größere Staude.*

5 *Blumen wöchentlich mit Beinwelljauche (siehe S. 106) düngen. Abgeerntete Parzellen sofort neu besäen, damit die Versorgung nicht abreißt.*

HAUSBEGRÜNUNG

Wenn Ihnen ein bisschen kalt ist, was tun Sie als Erstes? Sie hüllen sich in eine warme Wolldecke oder einen flauschigen Pullover. Auch Häuser können eine wärmende Verpackung gut gebrauchen.

Eine ganze Menge Energie, die wir zum Heizen verbrauchen, geht im Winter über die Wände und das Dach verloren, was wiederum Treibhausgase verursacht. Dach- und Wandbegrünungen bilden eine Barriere, die kalte Luft und Winde daran hindert, in Ritzen einzudringen. Gleichzeitig entsteht hinter dem Laub ein Polster aus wärmerer Luft. Dächer mit Pflanzenbewuchs speichern außerdem Regenwasser, statt es in die Kanalisation ablaufen zu lassen.

KÜHLWIRKUNG

Häuser aus wärmeabsorbierenden Mauerziegeln und mit dunklen Dachziegeln heizen sich im Sommer stark auf, sodass wir uns mit Lüftern oder Klimaanlagen Kühlung verschaffen.

Wenn Sie sie in einen dicken Mantel aus Pflanzen hüllen, wird im Winter Wärme gespeichert und im Sommer ein Aufheizen verhindert. Damit schützen Sie das Klima gleich doppelt: Zum einen brauchen Sie weniger Energie, um angenehme Temperaturen zu schaffen, zum anderen absorbieren die Pflanzen Kohlenstoff aus der Luft.

GRÜNE SCHUTZSCHICHTEN

Begrünte Dächer und Wände sind eine klimafreundliche Methode zur Isolierung und Beschattung von Gebäuden.

Begrünte Wände *Hightech-Wandbegrünungen erfordern eine komplizierte Technik und künstliche Bewässerungs- sowie Düngesysteme. Herstellung, Installation und Betrieb sind mit einem hohen Aufwand an Ressourcen verbunden. Dabei lässt sich eine Mauer viel einfacher begrünen: Ziehen Sie einfach Kletterpflanzen an gespannten Drähten – eine nachhaltige Version ohne viel Technik, die ebenfalls Energie spart.*

IM WINTER

Thermische Masse *Dichtes Grün an Hauswänden und auf dem Boden sowie Pflanzen auf begrünten Dächern absorbieren Wärme aus dem Haus und verhindern so ihr Entweichen.*

Isolierschicht *Vegetation schützt vor der Kühlwirkung kalter Winde und hält außerdem den schlimmsten Winterregen ab. Im Gegensatz zur landläufigen Meinung erhöhen Kletterpflanzen nicht die Feuchtigkeit in Mauern. Vielmehr schützen sie sie, indem sie für einen gleichbleibenden Feuchtigkeitsgehalt sorgen.*

DIE BESTEN PFLANZEN FÜR WANDBEGRÜNUNG

Pflanzen mit kleinen oder gefiederten Blättern haben die beste Kühlwirkung, denn sie werfen viel Schatten und kühlen durch die hohe Transpirationsrate. Empfehlenswert:

- *Rosen*
- *Geißblatt* (Lonicera)
- *Clematis*
- *Jasmin* (Jasminum)
- *Efeu* (Hedera*; nicht jedoch bei baufälliger Substanz*)
- *Blauregen*
- *Immergrüne Magnolie* (Magnolia grandiflora)

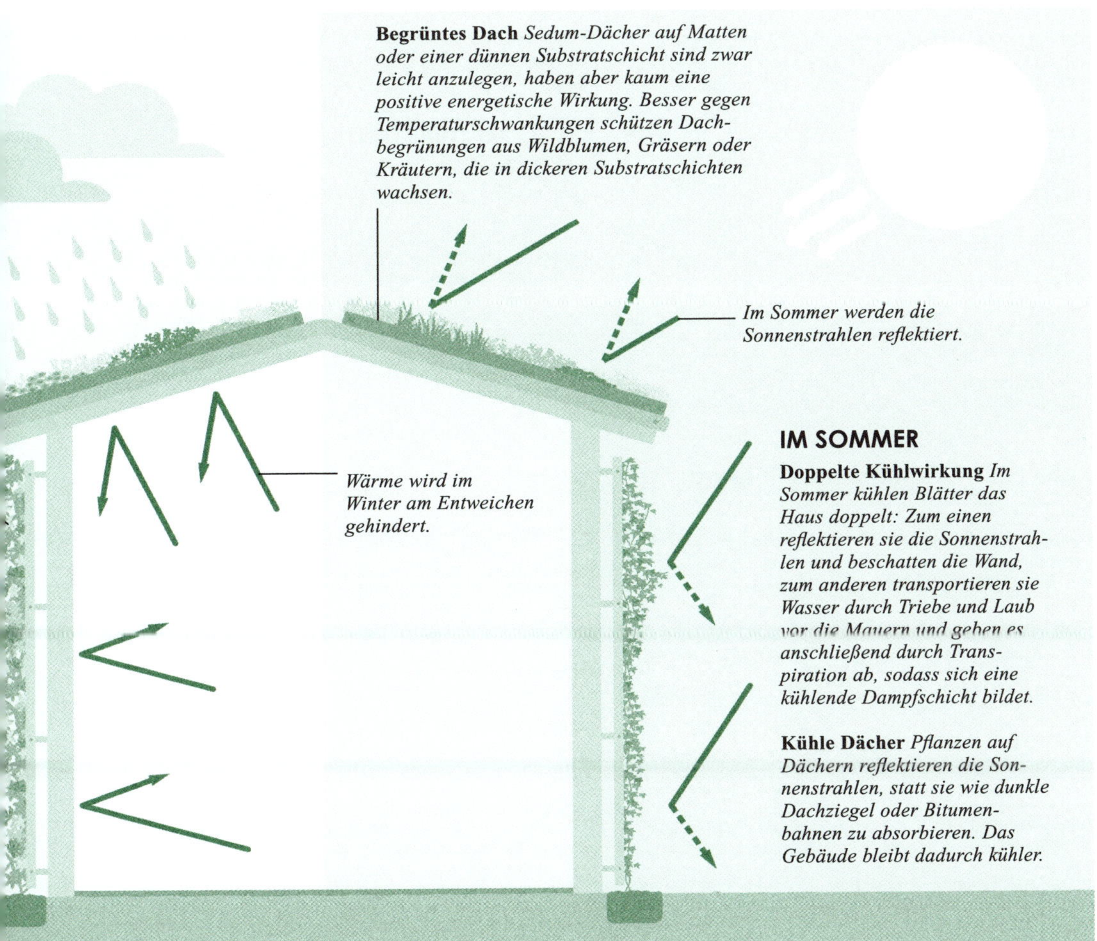

IM SOMMER

Doppelte Kühlwirkung *Im Sommer kühlen Blätter das Haus doppelt: Zum einen reflektieren sie die Sonnenstrahlen und beschatten die Wand, zum anderen transportieren sie Wasser durch Triebe und Laub vor die Mauern und geben es anschließend durch Transpiration ab, sodass sich eine kühlende Dampfschicht bildet.*

Kühle Dächer *Pflanzen auf Dächern reflektieren die Sonnenstrahlen, statt sie wie dunkle Dachziegel oder Bitumenbahnen zu absorbieren. Das Gebäude bleibt dadurch kühler.*

QUELLEN

QUELLEN DER ENGLISCHEN ORIGINALAUSGABE

KLIMAWANDEL, KOHLENSTOFFEMISSIONEN UND GÄRTNERN

Berners Lee, M. (2010). *How Bad are Bananas? The Carbon Cost of Absolutely Everything.* Green Profile.

Blanusa, T., and Page, A. (2011). *RHS Gardening Matters: Urban Gardens.* Royal Horticultural Society, UK.

Morgan, S., and Stoddart, K. (2019). *The Climate Change Garden.* Green Rocket.

Webster, E., Cameron, R.W.F., and Culham, A. (2017). *RHS Gardening in a Changing Climate.* Royal Horticultural Society, UK.

RHS online publications:

rhs.org.uk/science/pdf/RHS-Gardening-in-a-Changing-Climate-Report.pdf

rhs.org.uk/science/pdf/climate-and-sustainability/urban-greening/gardening-matters-urban-greening.pdf

NACHHALTIGE GARTENGESTALTUNG

Dunnett, N. (2019). *Naturalistic Planting Design The Essential Guide: How to Design High-Impact, Low-Input Gardens*. Filbert Press.

Weaner, L. (2016). *Garden Revolution: How Our Landscapes can be a Source of Environmental Change.* Timber Press.

TEPPICHRASEN

Smith, L. (2019). *Tapestry Lawns: Freed from Grass and Full of Flowers*. CRC Press.

grassfreelawns.co.uk

RENATURIERUNG

Tree, I. (2019). *Wilding: the Return of Nature to a British Farm*. Picador.

plantlife.org.uk/everyflowercounts

BIODIVERSITÄT UND TIERFREUNDLICHE GÄRTEN

Goulson, D. (2020). *The Garden Jungle, or Gardening to Save the Planet*. Vintage.

Dogwood Days blog list of peat-free nurseries: dogwooddays.net

RHS pesticide-free nurseries:

rhs.org.uk/advice/profile?PID=960

GÄRTNERN OHNE UMGRABEN

Dowding, C., and Hafferty, S. (2017). *No Dig Organic Home and Garden*. Permanent Publications.

Fukuoka, M. (2009). *The One-Straw Revolution*. NYRB Classics.

PERMAKULTUR UND WALDGÄRTEN

Crawford, M. (2012). *How to Grow Perennial Vegetables: Low-maintenance, Low-impact Vegetable Gardening.* Green Books.

Holzer, S. (2010). *Sepp Holzer's Permaculture*. Permanent Publications.

Shein, C., and Thompson, J. (2013). *The Vegetable Gardener's Guide to Permaculture: Creating an Edible Ecosystem.* Timber Press.

backyardlarder.com

SICKERMULDEN

Dunnett, N., and Clayden, A. (2007). *Managing Water Sustainably in the Garden and Landscape.* Timber Press.

UNKRAUT

Mabey, R. (2012). *Weeds: The Story of Outlaw Plants.* Profile Books.

Wallington, J. (2019). *Wild about Weeds.* Laurence King Publishing.

BEGRÜNTE DÄCHER

Gedge, D., and Little, J. (2008). *The DIY Guide to Green and Living Roofs.*

greenrooftraining.com

grassroofcompany.co.uk

livingroofs.org

KOMPOST UND BÖDEN

Lowenfels, J. (2010). *Teaming with Microbes: The Organic Gardener's Guide to the Soil Food Web*. Timber Press.

SAMMELN VON SAMEN

McVicar, J. (2012). *RHS Seeds.* Kyle Cathie.

realseeds.co.uk

QUELLEN DER DEUTSCHEN AUSGABE

Haft, J. (2019). *Die Wiese: Lockruf in eine geheimnisvolle Welt unter Berufung auf Statistiken des Bundesamtes für Naturschutz* (S. 44). Penguin.

Bundesministerium für Umwelt, Naturschutz und nukleare Sicherheit: www.bmu.de/themen/wasser-abfall-boden/bodenschutz-und-altlasten/bodenschutz-und-altlasten-worum-geht-es/faq-plan-zum-glyphosat-ausstieg (S. 98)

Naturschutzbund Deutschland, www.nabu.de/tiere-und-pflanzen/amphibien-und-reptilien/amphibien/info.html (S. 82)

www.**bund**.net/service/presse/pressemitteilungen/detail/news/tag-des-gartens-ohne-chemiekeule-naturnah-gaertnern-ist-moeglich (S. 6)

www.**haus**.de/garten/torf-erde (S. 122)

www.**mein-schoener-garten**.de/lifestyle/gruenes-leben/gaertnern-ohne-plastik-34541 (S. 132)

www.**nabu**.de/natur-und-landschaft/moore/deutschland/index.html (S. 134)

www.**hs-bremen**.de/internet/de/studium/stg/istabm/lehrende/brunken/1-13_oekol_daten/artenkenntnis/entomologiess12/bienensterben (S. 148)

Industrieverband Garten IVG e.V., Jahresbericht 2021 (S. 156)

Bundesanstalt für Landwirtschaft und Ernährung: *Torf und alternative Substratausgangsstoffe.* Broschüre 0129/2020 (S. 156)

www.**bmu**.de/themen/klima-energie/klimaschutz/nationale-klimapolitik/aktionsprogramm-klimaschutz (S. 157)

www.**bhb**.org/verband/zahlen-fakten/diy-branchenzahlen (S. 164)

www.**kompost**.de//Publikationen/Aktuelle Nachrichten/Detail-Ansicht, Energiebilanzen und Treibhausgasemissionen der Kompostierung (S. 172)

www.**bmu**.de/pressemitteilung/deutschlands-restmuell-hat-sich-in-35-jahren-fast-halbiert (S. 174)

www.**daserste**.de/information/wissen-kultur/w-wie-wissen/sendung/2010/welt-in-zahlen-garten-100.html (S. 176)

DANK

DANK DER AUTORIN

Als Erstes danke ich Chris Young, Redakteur der Zeitschrift *The Garden* und Consultant Gardening Publisher für DK, weil er meine Tiraden über Plastik im Garten so geduldig ertragen und so sehr an mich geglaubt hat, dass er dazu eine über ein ganzes Jahr laufende Serie von Artikeln zum Thema in Auftrag gegeben hat. Er hat mir auch ein Forum gegeben, damit ich all das loswerden konnte, was sich jahrelang über die (nicht vorhandene) Nachhaltigkeit des Gärtnerns bei mir angestaut hatte, und mich darin bestärkt, dass das Thema viel zu wichtig sei, um auf meine Experimente im Garten beschränkt zu bleiben.

Ein weiterer Dank geht an Mary-Clare Jerram von DK, weil sie die Idee aufgegriffen und weiterentwickelt hat, und das restliche großartige, herrlich effiziente Team von DK – allen voran Ruth O'Rourke, Joy Evatt, Nikki Sims und Dawn Titmus für ihre Geduld und beruhigend souveräne redaktionelle Arbeit.

Danken möchte ich außerdem den vielen Mitarbeiterinnen und Mitarbeitern bei der RHS, die mir großzügig Zeit und Rat gegeben haben, damit ich mit dem komplexen wissenschaftlichen Thema vertraut wurde, insbesondere Dr. Tijana Blanusa, Helen Bostock und Guy Barter, deren konstruktive Informationen dem Buch sehr gutgetan haben.

Weiter danke ich den Gärtnern, deren Pionierarbeit mich inspiriert und bei allem, was ich in meinem Garten tue, enorm beeinflusst hat: Charles Dowding, Prof. Nigel Dunnett, Prof. Dave Goulson, Martin Crawford, John Little, Dusty Gedge, Lionel Smith und Isabella Tree.

Zum Schluss geht ein Dank an meine beiden lieben Töchter Ellie und Ruby, die trotz monatelanger leichter Vernachlässigung cool geblieben sind und mich immer unterstützt haben, mir Kaffee brachten und mich bei Laune hielten.

Danke, liebes RHS-Wissenschaftsteam, für eure Recherche, Begeisterung und wertvollen Tipps beim Lesen des Buchs.

DANK DES VERLAGS

Dorling Kindersley dankt Jane Simmonds für das Korrektorat und Vanessa Bird für die Erstellung des Registers.

ÜBER DIE AUTORIN

Sally Nex ist ausgebildete Gärtnerin und Gartenjournalistin. Sie lehrt zudem Nahrungsmittelanbau und Nachhaltigkeit und hält Vorträge zu diesen Themen. Nach einer langen Karriere als Journalistin für die BBC-Nachrichten in London machte sie sich selbstständig, um Journalismus, Gärtnern und ihre Leidenschaft für die Umwelt unter einen Hut zu bringen. Inzwischen schreibt sie regelmäßig für das RHS-Magazin *The Garden,* das BBC-Magazin *Gardeners' World,* die Gartenseite des *Telegraph* und die Zeitschrift *Grow Your Own* mit Schwerpunkt Nachhaltigkeit und Bioanbau.

REGISTER

DK London
Lektorat Katie Cowan, Mary-Clare Jerram,
Dawn Titmus, Nikki Sims, Joy Evatt, Ruth O'Rourke
Gestaltung und Bildredaktion Maxine Pedliham,
Jessica Tapolcai, Harriet Yeomans, Christine Keilty
Umschlaggestaltung Amy Cox, Lucy Philpott
Herstellung Tony Phipps, Rebecca Parton
Illustrationen Amy Cox, Keith Hagan
Fachberatung Chris Young

Royal Horticultural Society (RHS)
Lektorat Rae Spencer-Jones

Für die deutsche Ausgabe:
Programmleitung Monika Schlitzer
Redaktionsleitung Dr. Kerstin Schlieker
Projektbetreuung Manuela Stern
Herstellungsleitung Dorothee Whittaker
Herstellungskoordination Bettina Bähnsch
Herstellung Stefanie Staat

Titel der englischen Originalausgabe:
How to garden the low carbon way

Übersetzung Reinhard Ferstl
Lektorat Corina Steffl

ISBN 978-3-8310-4388-0

Druck und Bindung TBB, a.s., Slowakei

FSC www.fsc.org
MIX
Papier aus verantwortungsvollen Quellen
FSC® C018179

www.dk-verlag.de

Hinweis
Die Informationen und Ratschläge in diesem Buch sind von der Autorin und vom Verlag sorgfältig erwogen und geprüft, dennoch kann eine Garantie nicht übernommen werden. Eine Haftung der Autorin bzw. des Verlags und seiner Beauftragten für Personen-, Sach- und Vermögensschäden ist ausgeschlossen.